穿越百年中国梦

吕章申题

国家出版基金项目
NATIONAL PUBLICATION FOUNDATION

顾　问：吕章申

主　编：陈履生

副主编：白云涛

穿越百年中国梦

洋务维新

写给孩子的"四史"学习教育读本

周靖程◎著

SPM
南方传媒 新世纪出版社
·广州·

图书在版编目（CIP）数据

洋务维新 / 陈履生主编；周靖程著 . — 广州：新世纪出版社，
2017.12（2025.5 重印）

（穿越百年中国梦丛书）

ISBN 978-7-5583-0993-9

Ⅰ . ① 洋⋯　Ⅱ . ① 陈⋯② 周⋯　Ⅲ . ① 洋务运动—少年读物　Ⅳ . ① K256.109

中国版本图书馆 CIP 数据核字（2017）第 296893 号

出 版 人：陈志强　　　　　　　　　策　划：宁　伟

责任编辑：宁　伟　　　　　　　　　特约编辑：耿　谦

责任技编：王　维　　　　　　　　　责任校对：陈　雪

排版设计：大有图文

洋务维新　YANGWU WEIXIN

陈履生 / 主编　　　周靖程 / 著

出版发行： SPM 南方传媒 新世纪出版社　（广州市大沙头四马路 10 号）

经　　销：全国新华书店

印　　刷：三河市嵩川印刷有限公司

规　　格：880mm×1230mm　1/32

印　　张：4

字　　数：57 千字

版　　次：2017 年 12 月第 1 版

印　　次：2025 年 5 月第 6 次印刷

定　　价：39.00 元

如发现印装质量问题，影响阅读，请联系调换：

北京广版新世纪文化传媒有限公司

销售热线：010-65545429

[书中图片由中国国家博物馆提供]

VR融媒"四史"云课堂
"四史"学习就在我身边

目　录

contents

"穿越百年中国梦" 总序

　　2012 年 11 月 29 日，党的十八大闭幕刚刚半个月，习近平总书记率新一届中央政治局常委，来到中国国家博物馆参观《复兴之路》基本陈列。

　　那天上午，习近平总书记一行轻车简从，9 时许来到国家博物馆，进入《复兴之路》展厅参观。一件件实物，一幅幅照片，一张张图表，一段段视频，把大家带回到近代以来跌宕起伏、波澜壮阔的难忘岁月。在 19 世纪末列强割占领土、设立租借地、划分势力范围示意图前，在鸦片战争期间虎门抗英的大炮前，在反映辛亥革命的文物和照片前，在《共产党宣言》第一个中文全译本前，在中华人民共和国第一面五星红旗前，在党的十一届三中全会照片前，习近平总书记不时停下脚步，认真观看，详细询问相关历史背景和文物情况。

　　在参观过程中，习近平总书记发表了重要讲话。他说，《复兴之路》这个展览，回顾了中华民族的昨天，展示了中华民族的今天，宣示了中华民族的明天，给人以深刻教育和启

中国国家博物馆前馆长　吕章申

示。中华民族的昨天，可以说是"雄关漫道真如铁"。近代以后，中华民族遭受的苦难之重、付出的牺牲之大，在世界历史上都是罕见的。但是，中国人民从不屈服，不断奋起抗争，终于掌握了自己的命运，开始了建设自己国家的伟大进程，充分展示了以爱国主义为核心的伟大民族精神。中华民族的今天，正可谓"人间正道是沧桑"。改革开放以来，我们总结历史经验，不断艰辛探索，终于找到了实现中华民族伟大复兴的正确道路，取得了举世瞩目的成果。这条道路就是中国特色社会主义。中华民族的明天，可以说是"长风破浪会有时"。经过鸦片战争以来170多年的持续奋斗，中华民族伟大复兴展现出光明的前景。现在，我们比历史上任何时期都更接近中华民族伟大复兴的目标，比历史上任何时期都更有信心、有能力实现这个目标。讲到这里，总书记环顾大家，深情阐述"中国梦"。他说："现在，大家都在讨论中国梦，我以为，实现中华民族伟大复兴，就是中华民族近代以来最伟大的梦想。这个梦想，

凝聚了几代中国人的夙愿,体现了中华民族和中国人民的整体利益,是每一个中华儿女的共同期盼。""实现中华民族伟大复兴是一项光荣而艰巨的事业,需要一代又一代中国人共同为之努力。"总书记最后强调:"我坚信,到中国共产党成立100年时全面建成小康社会的目标一定能实现,到新中国成立100年时建成富强民主文明和谐的社会主义现代化国家的目标一定能实现,中华民族伟大复兴的梦想一定能实现。"

我有幸全程陪同习近平总书记参观,为总书记一行讲解展览,并现场聆听习近平总书记关于"中国梦"的重要讲话,感受颇深,终生难忘。习近平总书记提出实现中华民族伟大复兴的"中国梦",是时代的最强音,凝聚了全球中华儿女的心,成为激励中华儿女团结奋进、实现中华民族伟大复兴的一面精神旗帜。

《复兴之路》基本陈列回顾了1840年鸦片战争以来100多年间,陷入半殖民地半封建社会深渊的中国各阶层人民,在屈辱和苦难中奋起抗争,为实现民族复兴进行的种种探索,特别是中国共产党领导各族人民争取民族独立、人民解放、国家富强、人民幸福的光辉历程。习近平总书记参观《复兴之路》并提出实现中华民族伟大复兴的中国梦命题后,中央国家机关、部队、企事业单位、社区街道、社会团体、学校等纷纷来到中国国家博物馆,沿着习近平总书记的足迹,参观《复兴之路》展览。《复兴之路》展览成为爱国主义教育的重要课堂。

　　2014年，习近平总书记在有关讲话和批示中指出："历史是最好的教科书"，"让文物说话、把历史智慧告诉人们，激发我们的民族自豪感和自信心，坚定全体人民振兴中华、实现中国梦的信心和决心"。中国国家博物馆和广东新世纪出版社有限公司落实习近平总书记的指示，以《复兴之路》基本陈列为基础，经过3年多艰苦工作，编写和出版了这套"穿越百年中国梦"丛书。组织和参与编写这套丛书的同志，大多数参加了《复兴之路》展览的内容设计和布展工作，有的还现场聆听了习近平总书记关于"中国梦"的重要讲话。他们对《复兴之路》基本陈列不但理解深刻，而且怀有深厚感情。

　　习近平总书记指出："中国梦归根到底是人民的梦"，"有梦想，有机会，有奋斗，一切美好的东西都能够创造出来"。习近平总书记希望广大青少年要勇敢肩负起时代赋予的重任，志存高远，脚踏实地，努力在实现中华民族伟大复兴的中国梦的生动实践中放飞青春梦想。

　　我相信，这套丛书的重印出版，对广大青少年牢记习近平总书记"不忘初心"的嘱托，更好地开展党史学习教育，增强实现中华民族伟大复兴中国梦的责任感，一定会起到促进作用。

吕章申

前　言

中国现代史学会会长　　郭德宏

　　中华民族是一个有着自己梦想，特别是美好社会理想的民族。

　　两千多年前，我们的古圣先贤，就有"小康"和"大同"的社会理想。那时的"小康"理想，就是家家丰衣足食，人人遵守礼仪，互相谦让。那时的"大同"理想，就是天下人如同一家人，家家幸福，人人愉快，"路不拾遗，夜不闭户"。由于历代封建统治者都不代表广大人民群众的利益，古圣先贤"小康"和"大同"的社会理想都没有实现。

　　勤劳智慧的中国人民，创造了光辉灿烂的古代文明：强盛的汉代，繁荣的唐代，辽阔的元代，清初的盛世。那时，与世界上其他大多数国家和地区相比，中国富饶、强盛、文明、进步。用现代语言表述，那时的中国是"发达国家"，其他那些国家和地区则是"发展中国家"。然而，由于帝国主义入侵和封建主义统治腐败，中国落后了。从1840年鸦片战争中国战败到19世纪末，中国逐渐沦为半殖民地半封建社会，陷入将要亡国灭种的深渊。

　　从1840年鸦片战争开始，当时一些思想先进的中国人就在寻求救国救民之道。林则徐、魏源开眼看世界，地主阶级的洋务运动，资产阶级维新派的戊戌变法，都试图在不根本触动封建统治的前提下富国强兵，但是都失败了。1894年孙中山创立革命团体兴中会，首次提出"振兴中华"口号。1902 年康有为完成《大同书》的写作，期望中国实现古圣先贤所憧憬的大同世界。1902 年梁启超发表《新中国未来记》，1904 年蔡元培发表《新年梦》，都憧憬中华复兴，雄立世界。近代以来，每一个中国人都满怀着复兴中国、振兴中华的梦想。但在半殖民地半封建社会的旧中国，中国人民的这一梦想不但没有实现，反而遭受着越来越严重的民族苦难。

1921 年，伟大的中国共产党成立，超越古圣先贤"小康"和"大同"的社会理想，提出了夺取反帝反封建胜利、建立人民当家做主的政权、最终实现人类最美好最理想的共产主义社会的奋斗目标。中国共产党肩负起民族独立、人民解放的历史重任，领导中国人民，经过浴血奋战，于 1949 年建立了人民当家做主的中华人民共和国。新中国成立，是中华民族由衰落走向强盛的历史转折点，开启了中华民族伟大复兴的新纪元。

中华人民共和国成立后，毛泽东、周恩来等老一辈革命家，领导全国各族人民为实现国家富强、人民共同富裕的新的历史任务而奋斗。在党的领导下，中国确立了社会主义基本制度，成功实现中国历史上最伟大最深刻的社会变革，为中华民族的伟大复兴奠定了制度基础。与此同时，中国共产党领导全国人民进行大规模经济建设和文化建设，取得了旧中国几百年几千年所没有取得的成就，为实现中华民族伟大复兴奠定了基本的物质基础。

1978 年改革开放以来，以邓小平、江泽民、胡锦涛同志为主要代表的中国共产党人，全面推进社会主义现代化建设。神州大地，生机勃发。2010 年，中国国内生产总值（GDP）达 40 万亿元，成为仅次于美国的世界第二大经济体，并一直保持至今。伴随着各方面的迅猛发展，中国迅速走向繁荣，国际地位不断提高，国际影响力日益扩大。中国步入世界强国之列，为实现中华民族伟大复兴创造了现实条件。

2012 年 11 月 29 日，习近平总书记率新一届中央政治局常委参观中国国家博物馆《复兴之路》基本陈列。习近平总书记在这里向全世界宣示"中国梦"，重申"两个一百年奋斗目标"，既是中国共产党对全国人民的郑重承诺，是党和国家面向未来的政治宣言，也是中华民族伟大复兴的总动员。中国的伟大发展，又一次站在新的历史起点上；中华民族的伟大复兴，揭开了历史新篇章。

以习近平同志为核心的党中央，"不负重托，不辱使命"，在实现中华民族伟大复兴中国梦的推动下，国民经济继续稳步发展，中国的国际地位更加提高，国际影响力更加扩大。我们现在比历史上的任何时期都更加接近中华民族伟大复兴这个目标，我们现在比历史上任何时期都有信心、有能力实现这个目标。

中国梦连接着过去与现在、历史与未来，连接着国家与个人、中国与世界。拥有五千多年文明历史的中华民族，曾经创造了辉煌的古代文明，走在世界前列，为人类社会发展做出了巨大的贡献。今天，中华民族的伟大复兴，不仅造福中国人民，而且造福世界人民。已经步入世界发展中大国的中国，理应承担起大国责任，对人类社会的发展进步，做出更大的贡献。

"穿越百年中国梦"丛书回顾了1840年鸦片战争以来一百多年间，陷入半殖民地半封建社会深渊的中国各阶层人民，在屈辱和苦难中奋起抗争，为实现民族复兴进行的种种探索，特别是回顾了中国共产党领导全国各族人民争取民族独立、人民解放、国家富强、人民幸福的光辉历程。这套丛书深刻揭示了历史和人民为什么和怎样选择了马克思主义，选择了中国共产党，选择了社会主义道路，选择了改革开放；深刻揭示了历史和人民为什么必须始终坚持高举中国特色社会主义伟大旗帜不动摇，坚持中国特色社会主义道路不动摇；昭示出没有共产党就没有新中国，就没有中国特色社会主义，只有社会主义才能救中国，只有改革开放才能发展中国、发展社会主义、发展马克思主义。

我相信，这套丛书的重印出版，能够使广大青少年读者更加深入地了解中华民族近代以来反对外来侵略史、人民解放的抗争史，了解中国共产党领导全国各族人民为中华民族伟大复兴而奋斗的创业史和改革开放史，为实现国家富强、民族振兴、人民幸福的中华民族伟大复兴的中国梦，夺取新时代中国特色社会主义伟大胜利，提供令人振奋的精神动力。

郭德宏

　　洋务运动始于 19 世纪 60 年代，是清政府在太平天

国农民起义和英法联军入侵的双重打击下，由奕䜣、曾国

藩、李鸿章等洋务派官员掀起的一场引进西方军事装备、

洋务维新

机器生产和科学技术，以维护封建统治的"自强"运动。这场运动持续了30余年，层层递进，逐渐深入，虽然最终没能实现"自强"，却开启了中国近代化的进程。

I

洋务缘起

1. 内忧外患

　　时光的巨轮转动至晚清，曾经盛极一时的清帝国已经处在风雨飘摇中，内忧外患接踵而来。一方面，以太平天国为主的各地农民起义风起云涌，严重威胁清政府的统治；另一方面，英、法等西方列强得陇望蜀，不断挑起事端，希望通过武力进一步打开中国大门。

　　鸦片战争后，西方殖民者、资本家堂而皇之地入侵上海、广州等被迫开放的中国沿海城市及相邻地区，脆弱的自然经济备受冲击而开始解体，传统手工业面临破产境地。与此同时，贪腐无度的清政府各级官吏和地主

油画《金田起义》，王恤珠 1961 年作

阶级仍然刮地三尺，大肆剥削，加之自然灾害不断，致使底层百姓生活日益贫困，最终陷入官逼民反的绝境。至 19 世纪 50 年代，各地此起彼伏的农民起义最终汇成了以太平天国为主的全国性反清高潮。

1851 年 1 月 11 日，自称为上帝次子、耶稣之弟的"拜上帝会"首领洪秀全率众在广西金田村发动起义，建号"太平天国"，取意"天下一家，共享太平"。

太平军军纪严明、作战勇敢，深得百姓的拥护。他们连续突破清军的围剿，一路攻城略地，仅两年时间就席卷了广西、湖南、湖北、江西、安徽、江苏六省，并于 1853 年 3 月 20 日占领了南京，然后将南京改称天京，定都于此，结束了长期流动作战的局面，正式建立起与清王朝相互对峙的政权。此后，为巩固政权，太平天国对内颁布《天朝田亩制度》，以平均分配土地和生活资料的方式，试图建立起"有田同耕，有饭同食，有衣同穿，有钱同使，无处不均匀，无人不饱暖"的理想社会。

对清军，太平天国则采取主动出击的策略，连续发动了北伐、西征和天京破围战。其中北伐虽然失败，但太平军一度直抵京师的门户——天津，沉重地打击了清王朝在北方的统治。而西征和天京外围战斗的胜利使太平天国控制了安徽、江西、湖北以及江苏大部分地区，直至 1856 年达到军事上的全盛时期。

受太平天国运动的影响，全国各地的反清斗争迅速高涨。其中以北方的捻军起义、贵州的苗族起义和云南的回民起义最为著名，他们在太平天国运动失败后仍然坚持斗争，严重动摇了清政府的统治。

为镇压太平天国，清帝国大部分八旗兵、绿营军都被调集到前线，参与作战，但屡战屡败。面对这一现实，清政府不得不下令各省官绅兴办团练，把扑灭起义的希望寄托在地主武装身上。曾国藩、左宗棠、李鸿章等人乘机逐步扩大势力，他们依靠湘军、淮军在镇压太平天国过程中起家，成为手握重权的封疆大吏，也由此成为日后倡导、开展洋务运动的主力干将。

就在清军与太平军激战正酣之际，

历史掌故

捻军起义

捻军得名于捻绳，也就是把几股绳捻作一股，团结起来的意思。早在嘉庆年间，我国北方就有"捻子"活动。咸丰年间，淮北地区发生大旱，"入捻"的农民逐渐增多。1851年，也就是洪秀全在南方发动太平天国运动同年，北方也爆发了捻军起义，较为著名的首领有张乐行、龚得树、苏天福、韩老万等。捻军起义共历时18年，波及北方的皖、鲁、豫、苏、陕等10个省区，歼灭清军及地方团练10万余人，有力地配合了太平天国等农民起义运动，沉重打击了清朝统治者。但因捻军缺乏战略眼光，长期流动作战，没有固定的根据地，最终被清军逐个击破，全军覆没。

英、法两个列强瞅准时机，联合发动了侵华战争，也就是"第二次鸦片战争"。

1854 年和 1856 年，英、法、美等国先后两次向清政府提出"修约"，要求中国全境开放通商、允许外国公使进驻北京等。遭到清政府拒绝后，英国借口"亚罗号事件"于 1856 年 10 月炮轰广州城，挑起战争。次年 10

人物故事

洪秀全

洪秀全原名洪仁坤，他读书勤奋，却屡试不中，人到而立之年连个秀才也没考中。备受打击之际，他意外地接触到一些教会小册子，于是一气之下抛开孔孟之书，立足内忧外患、民不聊生的时代背景，将教会教义加以改造而创立"拜上帝教"，并到处宣讲。洪秀全这个名字也是那一时期所改，"秀全"二字是"禾乃人王"的组合，"禾"是"我"的谐音，"秀全"说白了就是"我乃人王"的意思。1851 年，他自称"天王"，建太平天国，并迅速将起义运动推向了几千年来中国农民起义的最高峰。太平天国最终死于内外反动势力的联合绞杀，但作为太平天国运动的最高领导人，他负有不可推卸的责任，具体说来包括统帅无方、缺乏战略眼光、脱离群众、作风腐化、任人唯亲、消极迷信，等等。

月，法国以"马神甫事件"为借口，派兵参战。12月，英、法联军攻陷广州，两广总督叶名琛被俘，广东巡抚柏贵投降。1858年5月，联军一路北上，占领大沽炮台，侵入天津。清政府惊慌失措，连忙派员议和，以签订《天津条约》为代价，暂时满足了侵略者的要求。

对于《天津条约》，清政府与英、法两国均不满意。外国侵略者认为攫取的侵略权益太少，希望以武力"继续向京城挺进"；清政府则认为《天津条约》的有些内容难以接受，态度也逐渐强硬起来。

1859年6月，英、法联军突袭大沽口炮台，但在清军的英勇抗击下惨遭失败，英军司令何伯身负重伤。为"实行大规模的报复"，英、法联军卷土重来，并于1860年10月攻占北京，咸丰皇帝仓皇出逃热河。侵略者在京城大肆劫掠，有着"万园之园"之称的圆明园惨遭洗劫并被焚毁，大火三日不熄，众多文物流失海外。

两次鸦片战争的失败，沉重打击了清廷"天朝上国"的自信心。清朝皇室及各级官吏不得不重新审视那些站在自家门口的"陌生人"，承认自己在武力方面的不足与

圆明园遗址

传统"恩威并施"御敌政策的失效。此时的中国正处在一个"数千年来未有之大变局"。

2. 安内与攘外

面对内外双重压力，清政府最初采取的是两线作战、同时御敌的方针。也就是一边安内——镇压农民起义，一边攘外——抗击西方侵略者。但随着战争的绵延、持续，事实证明这一策略根本行不通。仅一个太平天国就已经让清政府绞尽脑汁、疲于应付，八旗和绿营"精锐"也损失惨重，何况还有一个个如狼似虎的侵略者呢！

既然安内与攘外无法同时进行，那就必须有所取舍，有所侧重。那么，二者究竟应该孰先孰后呢？清廷内部对此出现不同的看法，有着不同的声音。

一般来讲，与英、法侵略者直接周旋的官员们，迫于外患压力与"天朝"颜面，主张攘外重于安内。如山东道御史林寿图认为，太平天国起义虽为"腹心大患"，必须予以根除，但清政府眼下最重要的是治疗"咽喉急症"，全力对付英、法侵略者。此时若不奋起抗击，而一味企图以和平手段平息外患，恐怕到时不仅外患未除，内乱又蜂起，天下必将永无宁日。

与太平军交战的官员们则深感农民起义对王朝统治的严重威胁，主张安内先于攘外。如两江总督何桂清曾明确表示，如果同时针对外患与内乱作战，势必会使兵力互相牵制，不如先对侵略者施以恩惠，等平定农民起义后，再卧薪尝胆，加强武备，全力御侮。

但安内又谈何容易？太平天国已经占据了东南半壁江山，与清政府隔江对峙，而八旗、绿营等清军一触即溃，毫无战斗力可言，就连曾国藩训练的湘军也曾数次败于太平军。

曾国藩、左宗棠、李鸿章等地方大员们在与太平军长期交战中逐渐认识到，武器的先进与否越来越成为战争胜负的关键，要剿灭太平军，必须借用洋人、洋枪的力量。而太平天国早在 1853 年便通过走私等途径，从外国军火商那里购买了大量的西洋火器，而且还建立了早期的兵工厂，对所购武器进行仿造。

由于太平军的装备部分地实现了近代化，战斗力得到显著提高，从而迫使交战区的地方督抚们也变得实际起来。他们一方面积极求购西洋军火，一方面联络英、法等国公使，企图"借师助剿"。

早在太平天国定都南京之初，广东珠海人、苏淞太道（官名）吴健彰就曾以私人方式购买了 31 艘洋船，并雇用外籍水手去镇江与太平军作战。第二次鸦片战争爆发后，何桂清与江苏布政使薛焕公然请求英、法公使"保全"上海。

1860 年，由时任苏淞太道吴煦出面，委派美国人华尔成立"洋枪队"，参与镇压太平天国的军事斗争。这支洋枪队最初只是少数外籍亡命徒和退伍兵组成的雇佣军，后来逐渐发展成为拥有精良装备的中外混合军，因阻击太平军攻打上海有功，被清政府赐封"常胜军"。

值得一提的是，咸丰皇帝对借用洋人力量对抗太平军的做法曾经屡次下旨加以斥责，但上海方面依然我行我素，加之响应者日益增多，他最终也只能作罢。这些虽然只是局部行为，而且还多以半公开的方式进行，却为日后清政府正式"借师助剿"打下了基础。

无论是官还是民，当时的大多数中国人都还固守着

华尔率领的"洋枪队"

"天朝上国"与"华夷之辨"等传统观念。20年前鸦片战争的失败和不久前英、法联军的再次进犯，使人们积累起强烈的仇外心理，包括清王朝的最高统治者——咸

人物故事

华尔

华尔生于美国马萨诸塞州，自幼喜欢冒险，学习很差。报考西点军校落榜后，他辗转来到中国。在学会几句简单的中文后，他又回到美国读书，未及毕业又退学到处去冒险。其间，他从事过很多职业，还参加过墨西哥战争和克里米亚战争。战争结束，华尔回国后不久再度漂洋过海来到中国。1860年，他受吴煦委派招募外国人组成"洋枪队"，并自任队长，帮清军镇压太平军。在进犯青浦时他身中数弹落马，侥幸被部下救走，洋枪队也损失近1/3。1861年，华尔在道台兼富商杨坊的支持下改组"洋枪队"，人数迅速激增至5 000余人。清政府赐给他副将官衔，称"洋枪队"为"常胜军"，并准许其加入中国国籍，杨坊还把女儿嫁给他为妻。1862年秋，华尔在与太平军交战时再次身受重伤，不久死在宁波。

丰皇帝，也有着强烈的排外情绪。当英、法联军攻入广州时，咸丰皇帝曾连发圣旨，令当地官绅民众纠集团练数万人，讨伐英、法联军，务必将外夷逐出省城。同时咸丰又考虑到太平天国运动正如火如荼，朝廷却兵饷两亏，所以仅过了一个月，他又颁布了停战命令，像先前那样用恩惠、利益等手段来安抚侵略者。

咸丰皇帝从骨子里是不屑与侵略者交往、谈判的，可是受"内重外轻"思路的影响，他不得不把镇压太平天国放在首要位置。他曾经长期在安内与攘外之间摇摆不定，但总的来说，随着时间的推移，他越来越倾向于先安内、后攘外。

3. 借洋兵，打内战

咸丰皇帝是清朝历史上最后一个掌握实际统治权的皇帝，但他刚一登基就赶上了太平天国运动，之后又有英法联军进攻北京。太平天国运动虽说猛烈且持久，但终究离北京尚远；英法联军则确确实实打进了北京城。

保卫天京的太平军炮击清军水师

关键时刻，咸丰皇帝打着狩猎的幌子，跑到了承德避暑山庄，把烂摊子留给了其弟恭亲王奕䜣。

奕䜣是道光皇帝的第六个儿子，颇有政治才能，且对西方态度开明，所以被一些顽固派称作"鬼子六"。当

时，面对英、法联军扬言捣毁皇宫的嚣张气焰，以及清军无力再战的现实，奕䜣不得不乞求俄国公使从中斡旋，并最终同英、法签订了《北京条约》，满足了对方要求赔偿军费、割让九龙司、增开商埠等一系列条件。沙俄更非善类，它以此为借口，通过《瑷珲条约》《北京条约》

及一系列勘界条约，趁机占领了我国北方大片领土。沙俄没费一枪一弹，却成了第二次鸦片战争的最大获利者。

英、法两国达到侵略目的后，开始转变武力威胁的态度，对奕䜣等人表现得特别"友善"，明确表示愿意帮助清政府攻打太平军。此时，农民起义正处于低潮，在这种相对"稳定"的环境下，清政府与西方列强进入了一个所谓"中外和好"的"和局"阶段。所以，虽说刚刚签下丧权辱国的《北京条约》，但奕䜣等人却对西方侵略者产生了一种莫名的友好印象，毕竟他们没有推翻或取代清廷的统治。奕䜣等人认为，西方侵略者并不同于中国历史上那些入侵中原，妄图取代原有王朝统治的少数民族，而是可以被"驯服"的。而太平天国农民起义则是要推翻清王朝，同时面临内忧与外患两害，先行安内，再思攘外，无疑是"明智"之举。

为了维护一家一姓的统治，奕䜣等人将太平天国视作心头大患，并且认为要镇压太平天国，就必须借助洋人的火器；至于西方侵略者，待清政府掌握坚船利炮等先进技术后，再一雪前耻。

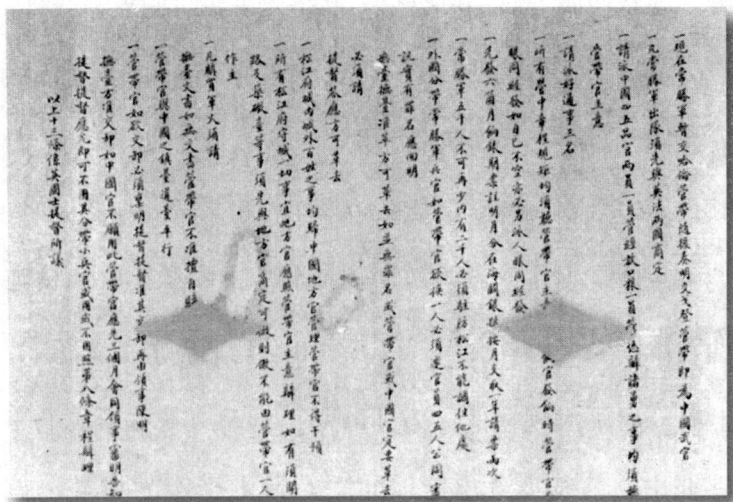

李鸿章与英国侵华陆军司令士迪佛立订立的中外《会同管带常胜军条约》

奕䜣在给咸丰皇帝呈送的奏折中指出，太平天国以推翻清廷为目标，是"心腹之害"；俄国与中国接壤，一直觊觎北方领土，为"肘腋之患"；而英国虽然残暴无理，但志在通商，属"肢体之患"。所以，为今之计应该是"灭发捻为先，治俄次之，治英又次之。"

奕䜣还把当时的时局比作历史上的三国，主张效仿蜀汉，联吴伐魏，即联合洋人"借师助剿"。曾国藩也从旁倡议请法国出兵，帮忙镇压太平天国。但咸丰皇帝当时还颇为犹豫，害怕"借师助剿"反倒会使洋人势力做大，导致局面一发不可收拾，遂将此事暂时搁置。

1861 年，事情出现了转机。这一年，咸丰皇帝病死，西太后慈禧与奕䜣联手发动"辛酉政变"，剪除了肃顺集团，"借师助剿"的最大阻力不复存在。与此同时，太平军连克安庆、宁波等地，迫使清政府尽快将"借师助剿"提上日程。次年，以"中外会防局"成立为标志，上海开启了大规模的"借师助剿"行动，基本形成上海官绅出钱，英、法出兵，共同对付太平军的格局。而"借师助剿"更为常见的形式是华、洋混合组成的军队，如中法常捷军、中英混合军等。1864 年，太平天国在清廷与列强的联合绞杀下走向灭亡。

4. 洋务派与顽固派

奕䜣和曾国藩等人虽然提倡"借师助剿"，但也担心引狼入室，致使局面无法收拾，所以一直严防洋人深入内地"助剿"，主要还是借用洋人先进的武器，自行镇压太平天国。

　　在此过程中，他们并没有因为中外的所谓"和局"放松对西方列强的警惕，并且着眼深远，萌生了仿效西洋练兵制器的强烈愿望。这就为洋务运动的开启准备了条件。而且，当时的具体环境也符合他们这一愿望——湘军与淮军，特别是李鸿章的淮军官兵，在与洋枪队等西方军人杂处的过程中，对西洋火器有了相应的认识，使日后的仿造、操练、使用及推广变得可能。

　　持先安内再攘外观点，并且主张借洋人之手安内的人，大多是参与镇压太平天国或与洋人有过直接交涉的军政大员及其幕僚。他们久踞东南，受西学东渐浸染，思想较为开明。一方面，他们对中国正面临的"数千年来未有之大变局"感到担忧；另一方面，他们又认为中国的政治制度和文明礼教，远在西方国家之上，只是火器比较落后，因此认为只需引进西方的"长技"即可扭转劣势。受此影响，在清朝内部逐渐形成一个以奕䜣、文祥、桂良、曾国藩、左宗棠、李鸿章等人为代表的洋务派。他们继承了鸦片战争时期魏源"师夷长技以制夷"的思想，在"借师助剿"的同时，倡导洋务，主张购买外洋器物，先使用，后仿造，这样就可以对内镇压农民起义，对外加强国防建设，抵抗外国侵略，重振国威。

后来，洋务派阵营逐渐扩大，张之洞等得力干将纷纷加入，形成了一个庞大的政治集团。客观上说，洋务派已清醒地认识到中国的科技与武器装备远远落后于西方，只有放下"天朝"的自尊，在不触及封建专制体制的前提下，学习西洋"长技"才能自立自强。这在很大程度上代表了当时中国传统社会的改革方向。

但洋务运动并不是一帆风顺的，从开启之日起，它便不断遭受清王朝内部部分人士的攻击。以大学士倭仁、徐桐、李鸿藻等人为代表的顽固派，无视中国落后与战败的现实，依然认定"天朝"的一切都尽善尽美，无须做任何改变。

顽固派排斥甚至仇视一切外洋事物。他们不仅抵制洋务活动，甚至还对洋务派进行人身攻击，奕䜣"鬼子六"的称号就是由此得来。类似的例子还有洋务能手丁日昌，他因为为人正派，作风强硬，熟悉洋务，被顽固派骂作"丁鬼奴"。

人物故事

徐桐

　　史料中关于徐桐的记载很多，绝大多数与他极端排外有关。他从不穿洋布衣服，讨厌所有外国物品，看到中国人戴西洋眼镜也会忍不住责骂。徐桐对当时的翻译家将美国翻译成"美利坚"十分恼火，并且拒不承认世界上有许多国家，坚称欧洲那些"乱七八糟的国名"都是英国人编出来吓唬人的，还留下了一段"西班有牙，葡萄有牙，牙而成国，史所未闻"的怪论。相反，在义和团运动爆发后，他对义和团迷惑民众的"刀枪不入"等江湖把戏却深信不疑，力劝慈禧借义和团之力排外、宣战。八国联军攻入北京后，徐桐本着"君辱臣死"的传统伦理，自缢身亡。

　　洋务派也不甘示弱，对顽固派进行了坚决回击。奕䜣曾斥责倭仁等人和平时期讥讽西洋武器不过奇技淫巧，一旦发生战事只会惊呼西洋利器"变怪神奇"。洋务派认为，不"师夷长技"中国便不能自强，空谈"忠信礼义"，在"数千年未有之强敌"面前只能误国误民。

奕䜣

洋务派与顽固派的斗争，实质上是清廷内部开明与守旧两种意识之争。在顽固派的激烈抵制下，洋务运动一路磕磕绊绊，艰难前行，一些洋务计划被迫搁置，一些洋务活动无奈"夭折"，一些洋务首领也遭到排挤。

1865年，奕䜣被革去"议政王"官衔；1879年，被誉为"第一流"洋务人才的郭嵩焘在出使英国归来后便被迫"卸职返乡"，他用心写就的《使西纪程》也不准出版。

作为当时清朝最高统治者的慈禧太后，虽然一面扶持顽固派，以牵制洋务势力的扩张，但是另一面又不得不利用洋务派维护自己的统治，在一定程度上支持他们的"自强新政"。

所以总的来说，不管环境多么恶劣，代表中国近代化开端的洋务运动还是冲破重重阻力艰难开启了。

5. "中体西用"论

洋务运动是清政府在内忧外患情况下，被迫开启的"师夷长技"之举。其中的"长技"都包括什么？"师夷"具体说来又是哪些可以学，哪些不能学？对此，阐述最完整的当为晚清思想家、改良主义先驱冯桂芬。

冯桂芬曾师从林则徐，为人刚正律己，好读书，有决断，未出仕就名重大江南北。清政府与英、法、俄三国签订《北京条约》时，冯桂芬正避难上海，与大多数中国人一样，他对堂堂华夏败于西洋"小夷"感到屈辱。但在冷静对比中西力量后，他发现中国相对西方有"四不如"，即"人无弃才不如夷、地无遗利不如夷、君民不隔不如夷、名实必符不如夷"。因此，中国要变弱为强，必须"以中国之伦常名教为原本，辅以诸国富强之术"，即在保证儒家伦理纲常的前提下，学习西方的科学技术。

张之洞所著的《劝学篇》

后来，"以中国之伦常名教为原本，辅以诸国富强之术"的这一思想，便成为张之洞"中学为体，西学为用"改良理论的滥觞。

"中学为体，西学为用"简称"中体西用"，它是洋务派在认识、接受并学习西学的过程中，对如何处理西学与中国传统文化之间关系的重新思考。他们认为，治国之道有本有末，有体有用，本和体是国家的根本，不能偏废，末和用只能起辅助作用。那什么是"体"和"用"呢？

以《盛世危言》一书著称中国近代史的早期维新思想家、实业家郑观应认为，"中学其本也，西学其末也"，自强当以中学为主，西学为辅。作为晚清普通海关职员的李圭则对此阐述得更为具体，中国传统三纲五常的伦理道德和封建制度即是本和体，而西学"长技"则为末和用。

洋务运动自开启以来，无论操练新军、仿造兵器，还是翻译西学、创办新式学堂等，一切都是按照"中体西用"来进行的。只不过随着运动不断深入，"师夷长技"的范围也不断扩大，开始由浅表的技术层面触及根本的制度层面。

洋务派，特别是其中的早期维新派，在学习西方科学技术的同时，对西方国家的议会政治也产生了兴趣。军机大臣文祥便认为，中国有自己的历史传统，西方国家设立上、下议院的制度断难实行，但可以在不改变君主专制制度的前提下仿效西方兼顾舆论民情的某些方法。后来，郑观应又直接指出议院政治可使"君民一体，上下同心"，而洋务运动仅停留在"练兵、制器械、铁路、电线等事"，并不能实现国家的"长治久安"。

当时有很多人，如徐建寅、薛福成、马建忠、曾纪泽等都对西方议院政治极为羡慕。不过受制于当时的历史背景，他们还不可能完全摆脱封建伦理观念的束缚，不足以触及封建君主专制的根本。

直至中日甲午战争，清帝国惨败于日本，人们在震惊、愤慨之余，才开始反思洋务运动，再次深度探讨中学与西学之间的关系。以康有为、梁启超为首的维新派认为不仅要学习西方的技术，还要学习他们的政治制度，变君主专制制度为君主立宪制度。

在维新运动渐趋高涨，要求政治改革的呼声弥漫朝野之际，洋务大员张之洞一方面深感外患侵扰再也不容忽视，另一方面又担心维新派的言论"蛊惑人心"，遂于1898 年抛出了他酝酿已久的《劝学篇》。

他将中学称为"旧学"，西学称为"新学"，即"四书五经、中国史事、政书、地图为旧学；西政、西艺、西史为新学"，明确提出"旧学为体，新学为用"。同时，西方"长技"的范围也有所扩大，不仅指坚船利炮及所必需的自然科学，还有"西政"，包括"学校、地理、度支、赋税、武备、律例、劝工、通商"等，但兴民权、设议院则不在此列，因为那是清王朝统治的根基，不容动摇。

因此，洋务运动始终只能在严重阻碍中华民族生存发展的外围问题上打转，难以使危局下的中国从根本上焕发新生。

"中体西用"论不仅阻碍了中华民族的历史脚步（可以说是关键性的一步），还把基于维护自身统治而支持、采纳它的清朝皇室进一步推向悬崖。它是一种自我麻痹和饮鸩止渴。几十年后，当行将就木的清王朝迫于内外形势，最终决定不再含糊、进行全面改良时，历史已经不给它机会了。

6. 总理衙门

第二次鸦片战争后，清政府被迫签订《北京条约》，其中有一条是接受外国公使进驻北京。它意味着清朝长期以来的朝贡外交体制的瓦解，与西方列强建立正式的近代外交关系已无可避免。

经过两次战败打击，清廷"天朝大国"的虚骄心态已有所清醒，已能够比较务实地看待洋人了。在此前，

总理各国事务衙门

清王朝的涉外文件一直称西方人为"夷"，称西方诸国为"藩"，这两个字眼都带有明显的鄙视色彩及自大心理。两度战败，使清廷不再自我感觉良好，加之1858年签订的中英《天津条约》中明文规定，此后中方不得再将任何英国人称作"夷人"，所以，清廷官员此后就将带有明显贬义的"夷人"换作比较中性化的"洋人"，以往的"夷务"也换成了"洋务"。

同时，为了应对日益增多的洋务，也必须成立一个新的机构，以接管原来"理藩院"负责的"四夷"事务。

1861 年 1 月 11 日，恭亲王奕䜣向咸丰皇帝上奏，提出在北京设立总理各国事务衙门的建议，不久就得到批准，这标志着洋务运动已正式开始。总理各国事务衙门简称总理衙门或总署、译署，主管外交、通商、关税等事务，后来随着相关事务不断增多，其职权也随之扩大，成为清政府的重要决策机构。

从 1861 年设立到 1901 年改为外务部，总理衙门共存在了 40 年，先后由恭亲王奕䜣、庆亲王奕劻、端郡王载漪三人主持，其中奕䜣一人在任长达 28 年。总理衙门设置有大臣、章京两级官员，清廷最初任命奕䜣及大学士桂良、户部左侍郎文祥为总理大臣，此后人数略有增加，从七八人至十多人不等。

总理衙门以办理外交事务为中心任务，涉及所有与"洋"有关的事务，这些事务对清王朝而言都是新鲜的，并无旧例可循，所以机构设置也有时代特点。总理衙门按主要国家分设英国、法国、俄国、美国、海防五股，另有司务厅、清档房、电报处、银库等部门，下属机构有同文馆、海关总税务司署，还管辖南、北洋通商大臣。

历史掌故

上海小刀会起义

小刀会是成立于19世纪中期的民间秘密团体，一部分源自天地会，一部分源自白莲教。1851年由福建传到上海的上海小刀会，属天地会支派。1853年，小刀会首领刘丽川、潘启亮借太平天国运动如火如荼之势，联合福建小刀会首领李咸池、陈阿林等在上海起义，迅速占领了上海县城，击毙上海知县袁祖德，活捉苏淞太道吴健彰。起义军最初不过千人，几天之内便发展到万人以上。小刀会一度占领了宝山、南汇、川沙、青浦等县，并建立了政权——大明国，后来迫于形势，改奉洪秀全为领袖。在清军与列强的联合镇压下，小刀会起义共坚持了17个月，终因敌众我寡、弹尽粮绝而失败。

英、法、俄、美四股除办理与指定国家的外交事务外，还兼办其他一些洋务事宜；海防股主要负责南北洋海防，包括海军、船厂、机器等一切与海防有关的事务；司务厅、清档房、电报处则主管收发文件、档案保管、翻译电报等行政事务性工作。

早在1854年上海小刀会起义时，英、美、法三国便趁机夺取了上海海关的主要职权。1859年，清政府在上海设立总税务司署，任命英国人李泰国为首任总税务司，各口税务司及海关高级职员均由外国人担任。

不久，英国人赫德接任总税务司，一直到 1909 年离任。他不仅控制了中国的重要财政收入，还在很大程度上参与清政府的部分内政、外交活动，以极力扩展英国在华利益。

总理衙门成立后，当即下设三口通商大臣和南洋通商大臣。三口通商大臣驻天津，管理牛庄、天津、登州三口通商事务，初为专职，1870 年改由直隶总督兼任，称北洋通商大臣，管理直隶（今河北）、山东、奉天（今辽宁）三省通商及其洋务；南洋通商大臣的前身是 1844 年设立的五口通商大臣，驻上海，管理广州、福州、厦门、宁波、上海、潮州、琼州、淡水等各口通商事务及其洋务，初由两广总督兼任，后改为由江苏巡抚或两江总督兼任。

总理衙门最终成为洋务运动的中枢机构。虽然它是清政府为应对时局变化被迫做出的改革，但至少顺应了中国历史的发展趋势。

第二章

Ⅱ 军事自强

1. 安庆内军械所

洋务运动的范围相当广泛，包括外交、练兵、制器、交通、通讯、教育等诸多领域，很多是随着洋务运动的深入而日益扩展的。洋务运动前期与后期的侧重也各有不同。大致说来，在 19 世纪 60—70 年代，洋务派主要是打着"自强"的旗号，以编练新式军队和兴办军工企业为主要目标。

经历了两次鸦片战争的失败和太平天国运动，清朝官员体系及清王室中的一些人开始警醒，重提魏源的"师夷长技以制夷"思想。

恭亲王奕䜣认为，治国的根本在于自强，自强则重在练兵，而练兵又以"制器"为先。"制器"，就是建立自己的近代军工企业，自行制造先进的武器装备。奕䜣的思路主导了整个洋务运动前期，也间接催生了清末最早的官办的新式兵工厂——安庆内军械所。

在清政府与太平天国作战过程中，特别是在中后期，双方都开始逐渐使用大量的西洋火器。同时，他们也都认识到这些西洋火器的威力远非传统的冷兵器可比，在某种程度上可以说还左右着战争胜负。

曾国藩曾明言，湘潭、岳州两战实际上都是依赖洋炮的力量取胜的。然而，这种制器技术被西人垄断，清政府虽可以向洋人"借师助剿"，却只能解眼前一时之忧，将来难免还会受制于人。加之洋人往往骄横无礼，在"助剿"过程中也获利甚多。为此，曾国藩决定自办军工企业，遂令自己

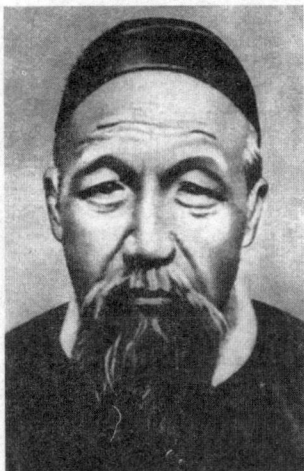

曾国藩

的幕僚、自学成才的清末科学家徐寿在安庆创建机器局。

　　1861年湘军攻占安庆后，曾国藩即着手筹建兵工厂，称安庆内军械所。他四处网罗人才，聚集了徐寿、华蘅芳、李善兰、容闳、龚芸棠、徐建寅、吴嘉廉、张斯桂等近代英才，对他们极为礼重。

事实真相

中国无烟火药之父——徐建寅

　　无烟火药是指燃烧后没有残渣、不产生烟雾或只产生少量烟雾、相较黑火药威力更大的火药。19世纪80年代中期，真正意义上的无烟火药在欧洲问世，19世纪80年代末，欧洲国家的步枪弹便基本上都从以往的大口径黑火药枪弹演变为较小口径的无烟火药枪弹。几乎与无烟火药同时问世的军事史上第一件真正意义上的自动武器——马克沁机枪，也是因为使用了无烟枪弹才有了实用意义。中国虽然早在1895年就研制成功了无烟火药，但核心技术都掌握在洋人技师手中，秘不示人。1900年庚子之变，洋人技师亦随之生变，张之洞将徐建寅调至汉阳钢药厂，自行研制无烟火药。次年春，无烟火药试制成功，并准备大规模生产。但不久，钢药厂发生爆炸（据信是有人做了手脚），徐建寅与在场的14名工人同时殉职。

如徐寿，他以博学多才著称，擅长机械制造研究，还是中国近代化学的启蒙者；再如华蘅芳，他自幼喜欢数学，长大后不仅研习了我国古代百余部知名算学著作，并且学习了西方的代数、几何与微积分等，翻译西方著作 12 部；再如徐建寅，他是徐寿之子，自幼受父亲影响，热爱自然科学。

其余英才，如李善兰、吴嘉廉等，也都是当时推崇理学、热衷科举的大环境下不可多得的科学技术人才，他们为安庆内军械所的建立，以及中国近代工业的起步做出了重大贡献。

1862 年 8 月，安庆内军械所就制成了中国第一台实用的蒸汽机，与当时世界上先进的往复式蒸汽机相似，利用火烧锅炉所产生的蒸汽压力推动机器运行，从而为轮船制造提供了必要的技术条件。曾国藩对此十分兴奋，一度认为中国人已经掌握了西洋"长技"，以后再也不会被西方国家小觑了。

是年年底，安庆内军械所还制造出中国第一艘以蒸汽为动力的木质轮船，并在安庆江面试航成功。1864

年，徐寿等人将其放大试制成功，船重 25 吨，顺流时速 28 里，逆流时速 16 里，曾国藩赐名"黄鹄"号。

安庆内军械所由蔡国祥主持，经费由湘军拨给，所内全用国人，不雇洋匠，主要制造子弹、火药、枪炮、小火轮等。1864 年湘军攻陷南京后，安庆内军械所迁往南京，改建为金陵内军械所。

客观地说，由于安庆内军械所规模较小、设备简陋，制造火器、轮船等全靠手工操作，又无经验可循，所以许多产品都不合格，如所制炸弹不等落地就已先行爆炸，离军事自强还相去甚远。这也促使曾国藩等人转变观念，认识到手工制器的缺陷和近代知识人才的不足，于是决定从西方引进制造机械的机器，并为日后派遣留学生赴美准备了条件。

2. 江南机器制造总局

曾国藩创办安庆内军械所的次年，李鸿章也在上海和苏州办起了洋炮局。与前者全用国人不同，后者是依

靠洋人建立起来的。在试办过程中，李鸿章逐渐体会到
自主生产和机械化生产的重要性，认为中国想自强，就
得学习西方的先进火器，而最为重要的是引进制造火器
的机器，也就是"制器之器"。他甚至建议清廷在科举考
试中为科学技术专设一科，以吸引更多知识分子投身科
技，但遭到顽固派强烈反对，只好作罢。

　　1865 年，由曾国藩规划，后由李鸿章督办，以丁日

江南制造总局炮厂

昌为总办的江南机器制造总局成立，简称江南制造总局。当年，李鸿章购买了位于上海虹口的一个美国商人的旗记铁厂，将其厂房、船坞与丁日昌主持的上海洋炮局、韩殿甲主持的松江西洋制炮局合并，再加上容闳赴美寻购而来的"制器之器"运抵该厂，遂建成江南制造总局。1867 年，江南制造总局迁至濒临黄浦江的高昌庙镇，继而不断扩充，直到 1870 年时占地面积达 400 多亩，并且先后建成 16 个分厂，成为洋务派开设的规模最大的近代军事企业。

江南制造总局的最高职务是督办，曾国藩、左宗棠、张之洞等人均曾任职，但李鸿章担任时间最久。督办之下是行政主管，一般由中方人员担任，机械管理方面的工作则多由西方人负责。总局雇用了大量中国工人，主要来自原来的铁厂与炮局，也有一些人是从香港、广州等地招募而来。他们在厂里操作机器、生产军火，工资一般为城市苦力的 4～8 倍，成为自由劳动力，也是中国近代最早的技术工人。

江南制造总局的产品大致有五类。

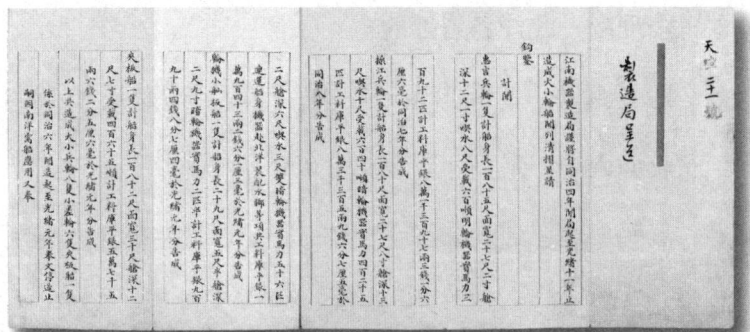

江南制造总局在 1865—1885 年所造船只清单

一是枪炮。最初江南制造总局仅制造英国旧式前膛枪，后又改造林明敦式后膛枪。19 世纪 80 年代中期，随着西方国家造枪技术不断改进，后膛枪已显陈旧，且容易走火，炮厂又开始仿造德国的新毛瑟枪。该厂初期只能造旧式山炮，后来开始制造各种口径的新式大炮，供给南、北洋海军和长江各口岸炮台使用。

二是弹药。江南制造总局生产的弹药种类很多，包括枪弹、炮弹、火药，甚至地雷、水雷等，其中 1895 年研制成功的无烟火药已达世界先进水平。

三是轮船。江南制造总局以旗记铁厂为基础开始造船，但进展缓慢，1868—1876 年只建造了 7 艘木壳机动船。1885 年以后，因经费问题江南制造总局停造轮船，专门修理南、北洋各省船舰。

四是钢铁。为减少生产成本，江南制造总局于1890年建成炼钢厂，最高年产量达2 000多吨。

五是机器。江南制造总局除进行军工生产外，还制造了很多机器，有车床、钻床、刨床、汽锤、砂轮机、起重机、翻砂机等，而各种小工具和机器零部件更加不计其数。

此外，江南制造总局还设有翻译馆、广方言馆，翻译了大量西方书籍，着力培养外交和科技人才。

江南制造总局无论是经费投入，还是生产设备和技术力量等方面，都是当时国内最大、最先进的军工企业。它虽为官办，但雇用工人生产，部分产品已投入市场，具有明显的资本主义性质。只因管理落后、生产成本过高、生产效率低下等原因，其产品质量并不太高。

3. 福州船政局

福州船政局，又名马尾船政局，是湘军著名将领、民族英雄左宗棠创办的中国近代史上第一个生产军舰的专业工厂，李鸿章赞其为"开山之祖"。后来在继任者沈葆桢的苦心经营下，福州船政局成为当时远东最大的造船厂。

梁启超曾称左宗棠为"五百年来第一伟人"，这主要是针对他在 19 世纪 70 年代力排众议（李鸿章等），抬棺西行，收复新疆的盖世功劳而言。但左宗棠的仕途并不顺利，曾三次会考皆名落孙山。1851 年成为湖南巡抚张亮基的幕僚时，他已经年近四十。因平定太平军有功，

福州船政局外景

左宗棠

于 1856 年升任兵部郎中。同年，英国挑起了第二次鸦片战争，4 年后，清廷再度割地赔款、丧权辱国。这使左宗棠进一步认识到海军对于海防和现代战争的重要性，开始关注西洋军舰。他曾向法国船员德克碑和日意格虚心请教西方各国的造船情况。1864 年，左宗棠在杭州聘用工匠手工制成了一艘小火轮在西湖试行，但行驶缓慢，于是决定引进西洋造船设备。

1865 年，左宗棠委派德克碑回法国采购机器设备，着手创办造船厂。镇压太平军余部后，左宗棠上奏清廷，全面陈述了设厂造船对巩固海防、整顿漕政、富民强军、增收关税等项事宜的种种好处。

清廷批准后，左宗棠一面与德克碑、日意格等反复商讨经费、制造、驾驶等具体内容，并议订合同，一面命福建候补道胡光墉选择地址、雇用工匠。1866 年年

人物故事

邓世昌与刘步蟾

邓世昌，近代著名海军将领，祖籍广东番禺，1868年入船政学堂，毕业后历任帮带（副舰长）、管带（舰长），后被李鸿章调至北洋集团。在1894年中日黄海海战中，邓世昌指挥"致远"舰奋勇作战，在遭日舰围攻、己舰多处受伤燃起大火且船身倾斜的情况下，毅然驾舰撞向日本主力舰"吉野"号，欲与敌舰同归于尽，不幸被敌舰击中，坠落海中。其随从以救生圈相救，被他拒绝；其爱犬也想救主，被他强按入水中，与全舰官兵250余人一同壮烈殉国。

刘步蟾，近代著名海军将领，福建侯官（今福州）人，毕业于船政学堂，曾赴英国深造，回国后入北洋集团。在中日黄海海战中，他指挥"定远"舰英勇作战，多次击中敌舰，并重创日军旗舰"松岛"号。在次年的威海卫海战中，他又辅佐丁汝昌，积极组织北洋舰队进行抵抗，打退了日本海军的多次进攻。在弹尽援绝、部分官兵逼迫主帅投降之际，刘步蟾忍痛下令炸沉了"定远"舰，自杀殉国，时年43岁。

底，福州船政局开始动工建设，厂址位于福州马尾镇。

几个月后，清廷将左宗棠调任陕甘总督，镇压西北回民起义。左宗棠赴任前推荐了林则徐的女婿、热心洋务的沈葆桢任船政大臣。

沈葆桢接任后，克服经费不足、官绅搬弄是非、民众不理解等困难，认真督理，任用日意格与德克碑为正副监督，总揽一切事务，至1874年已建成一座以造船为核心的大型机器工厂。

福州船政局主要由铁厂、水缸厂、轮机厂、合拢厂、铸铁厂、船厂和船政学堂组成。其中船政学堂又称求是堂艺局，分前、后两堂：前堂学习法文，以培养造船人才为主；后堂学习英文，以培养驾驶人才为主。甲午战争时期的著名将领邓世昌、刘步蟾等均出自船政学堂。

1869年，福州船政局自制的第一艘轮船"万年青"号试航成功，排水量达1 370吨。至1874年，共制造各种轮船15艘。之后，除日意格等少数几人继续留用外，其余法籍人员按合同规定全部撤出，船政学堂培养出来的学生开始接管厂务和技术工作。

1884 年中法战争中，福州船政局遭到法军严重破坏，加之经费短缺，此后生产能力大不如前，1907 年被迫全面停产。

尽管如此，由于福州船政局突破了西方人的技术垄断和恶意干涉，重视自主研发，所以它在中国近代造船史上占有重要地位。福州船政局 1876 年后所生产的轮船已逐渐由华人自行来设计建造，而且技术水平并未因此下降。至 1882 年，该局已能制造 2 400 马力的铁甲舰。

4. 金陵机器局

1865 年，李鸿章由江苏巡抚升任代理两江总督。赴任前，他把先前创办的苏州洋炮局进行了分割：将丁日昌主持的上海洋炮局和韩殿甲主持的松江西洋制炮局移至上海，成为江南制造总局的组成部分；将马格里、刘佐禹主持的一个车间迁至南京，在城南中华门外雨花台重新选址，扩建成金陵机器制造局，简称金陵机器局，

金陵机器局厂房

亦称"宁局"。

金陵机器局建成于 1866 年，此后又相继添设火箭分局、枪子机器厂、汽锤厂、拉铜机器木厂、洋火药局、水雷局和炮台机器局等。该局主要制造大炮和弹药，也生产枪支。但由于不了解市场、管理无方等因素，其军火产量和质量都难以与江南制造总局相比。

据英国人贝福斯在 1898 年记载，金陵机器局的机器是现代的、头等的，但被用来制造过时的、无用的军需物品，大量地制造一种杀伤力有限的 1 磅重炮弹。产品的落后性与设备的先进性形成强烈反差。不过因为金陵机器局一直由李鸿章掌握，且颇受重视，所以与其他各省机器局相比，还是整体落后中的先进者。

金陵机器局名义上为两江总督经营，实际上由英国人马格里全权负责。马格里本是第二次鸦片战争中随英军来华的一名军医，因为曾经为李鸿章购买"阿思本舰队"的机器设备而受到重用，被授予主持苏州洋炮局和金陵机器局的大权，地位在总办刘佐禹之上。

李鸿章的信任和纵容，使马格里益发骄横，他在金陵机器局中独断专行，与总办刘佐禹的关系十分紧张。他不仅随意鞭笞或解雇中国工人，还非法组建了自己的私人卫队。

1873 年，马格里受命赴欧洲采购机器，大肆挥霍公款，严重损害了机器局的利益。1874 年返华后，马格里更为专横，而刘佐禹也被李鸿章调离。结果，1875 年 1 月 5 日，金陵机器局为天津大沽炮台制造的大炮在试射时有 2 门大炮发生了爆炸事故，炸死官兵 7 人。

李鸿章马上召马格里来天津亲自试射，依然无法解决爆炸问题。后经查明，爆炸原因是因造炮原料质量低劣，马格里为赶生产进度而致。在事实面前，马格里还拒不承认错误，李鸿章遂将他撤职，且此后再也不雇用洋匠。

5. 天津机器局

1866年8月，眼看江南制造总局、福州船政局相继成立，地方洋务派创设的军火工业在中国南方迅速发展

天津机器局外景

起来，为打破南北军火生产布局不均现状，同时限制汉族实权派官僚集团过度膨胀，恭亲王奕䜣奏请清廷实际掌权人慈禧，由三口通商大臣崇厚负责，在天津筹划设立由满族人控制的机器局，以拱卫京畿，平衡汉族官僚势力。崇厚是满族镶黄旗人，是满人中很早便开始致力于洋务活动的佼佼者，曾于 1862 年试铸炸炮成功，具有一定的军火生产经验，确实是比较合适的人选。

次年，崇厚奉旨筹办天津机器局。从采购机器到雇用工匠，他主要依靠曾担任过丹麦及美国驻天津总领事的英国商人密妥士，所以技师多为英国人。1870 年，机器局筹建基本完成，分东、西两局。1867 年在海光寺设立的分厂称"西局"，1869 年在天津城东贾家沽设立的火药局称"东局"。

1870 年，崇厚奉命为"天津教案"一事前往法国道歉，时任直隶总督的李鸿章接办天津机器局，并随之进行改革和扩充。李鸿章上任不久就撤换总办密妥士，将自己的亲信沈保靖从江南制造总局调至该局任总办。他还全面整顿人事，不仅辞退了那些技艺不精的洋匠，还逐批解雇了机器局原有的北方旗人与汉人，使机器局完全由忠于他自己的南方人把持。

李鸿章认为，天津机器局与江南制造总局、金陵机器局相比，仅是初具规模，从而开始不断添置设备，大力扩建。至1875年，天津机器局扩建基本完成，生产能力提高了三四倍，产品种类也日益丰富，并且使东、西

历史掌故

天津教案

中国国门被打开后，西方传教士随之而来。历史地看，传教士并不全都是绝对意义的坏人，但他们至少都是一定程度上的帝国主义的帮凶。1870年6月21日，因天津望海楼天主教堂发生数十名婴儿夭折事件（死于瘟疫），引发了民众与传教士、洋人的冲突，直接导致20名外国人死亡，其中法国13人、俄国3人、比利时2人、意大利1人、爱尔兰1人，并有法国教堂、育婴堂、领事署及数所英美教堂被焚毁。事发后，法、英、美、德、意等列强军舰迅速集结至天津沿海示威，清政府避战求和，选择妥协，共处分地方官2人，判处涉事民众20人死刑，25人徒刑，赔银50余万两，且打破先例，派北洋通商大臣崇厚专程赴法国道歉谢罪。

局形成了相对固定的分工。东局以制造火药、枪炮、子弹和水雷为主，并附设水师、水雷、电报学堂；西局以制造军用器具、开花子弹、布置水雷用的轮船及挖河船为主。1887年，机器局建成栗色火药厂，开始制造最新式的炸药。1893年，又从英国引进全套机器设备，建起炼钢厂，可以铸造6寸口径的钢炮。

天津机器局产品繁杂，产量较大，因此被李鸿章称为"洋军火总汇"，也成为北洋水陆各军的军火供应基地。遗憾的是，这个仅次于江南制造总局的军工企业，在1900年八国联军侵华战争中惨遭焚毁。

除江南制造总局、福州船政局、金陵机器局、天津机器局这清末四大军工支柱外，各省也纷纷效仿，相继办起了一批军工厂，如西安机器局、广州机器局、山西机器局、台湾机器局、湖北枪炮厂等。从1865年至1890年，洋务派在全国共兴办了21个军工企业。这些企业全都用机器生产军工产品，开启了中国近代工业化的进程，在改变清军武器装备、增强国防力量的同时，也推动了民用工业的兴起和发展。

6. 新式陆军

洋务运动开始后，出于战争和国防需要，洋务派一直把练兵制器作为重点，大力发展。这里所说的练兵并不是简单的军事训练，而是挑选精兵强将，装备洋枪洋炮，改习洋操，增强其战斗力，使之成为不同于旧式八旗、绿营的新式军队。

1862 年年初，清政府批准了奕䜣、文祥等人关于训练八旗士兵使用洋枪洋炮的提议，随即成立了神机营。

为清政府的绝对安全考虑，奕䜣只允许选拔旗兵或绿营正身兵丁参加训练，不许另行招募兵勇，且练兵区域主要设在京畿地区。当年，神机营就在京营八旗和内务府精选旗兵 1 万人，装备洋枪洋炮，并于次年赴天津接受英国军官训练。

1864 年，这些受训旗兵被悉数调回，组建"威远队"。清王朝的龙兴之地——东三省，也随之开始挑选旗兵，训练火器，纷纷组建"练营"。继八旗之后，绿营亦开始加强练兵。1866 年，直隶总督刘长佑计划选练直隶六军共 15 000 人，这些军队分驻遵化、易州、天津、河间、古北口、宣化等地，被称为"练军"。后因刘长佑去职，曾国藩于 1868 年接办，但旋即改用湘军治军方式。

李鸿章

虽然清政府有意扶植八旗、绿营，防范地方兵勇坐大，但此时湘军、淮军已成气候，他们在"借师助剿"镇压太平天国的过程中建立起了近代化的军队。特别是李鸿章的淮军，早在 1865 年就已弃用中国传统的抬枪、鸟枪而改用洋枪，至 19 世纪 70 年代中期已有克虏伯炮队 19 营，19 世纪 80 年代中期已摒弃后膛枪尽用毛瑟枪等。与各省练军乃至"威远队"相比，湘军与淮军的近代化程度无疑更高些。

最初，新式陆军多聘请英、法教习负责军事训练，后因在普法战争中德国表现出强大的军事力量，遂改聘德国陆军教习。但是，清廷担心这些洋教习长期指挥、训练清军，会因操纵兵权形成尾大不掉之势，于是开始着力培养本土军事人才。

人物故事

刘长佑

刘长佑的名气不如曾国藩，但他和江忠源实际上是第一支湘军队伍的创建者。刘长佑同样是靠镇压太平天国及其他农民起义运动步步高升的，但他不似曾国藩那么冷血，动辄屠城，以至于人称"曾剃头""曾屠户"，而是剿抚兼施，柔中带刚。他治军严格，与将士同甘共苦，颇有国际战略眼光。1882 年，也就是中日甲午海战前 12 年，他曾向清廷提出过先发制人、攻伐日本的建议。他认为日本狼子野心，夺占中国当时的藩属国琉球，若不给予严惩，则西方列强都会以为中国好安而恶战，从而助长它们的侵略野心。同时他还认为，日本侵略成性，迟早会吞并朝鲜，不如乘其羽翼未丰，而中国的洋务运动已有所成就之机，倾中国之全力，先发制人，打服日本，警示列强。可惜，清廷最终没能采纳他的建议，不然中、日、朝乃至整个世界的近代史将如何书写，会打个大大的问号。

1862 年，清政府谕令曾国藩、李鸿章等人酌选武员数十人，在上海、宁波学习外国兵法，学成之后，再自行教练中国兵丁。这种方法的好处是速成且成本较低，不好之处是规模有限，且很难学到精髓之处。

1876 年，李鸿章选派了淮军将领 7 人赴德国留学。这 7 人中，1 人病故，2 人学业未成便提前归国，3 人学习 3 年期满回国，只有王得胜选择期满后继续留在德国深造，回国后深受李鸿章器重，被委以统带其亲兵营的重任。

培养军事人才最重要的一步是创办学堂，陆军方面主要有李鸿章在天津开办的北洋武备学堂、张之洞创办的广州陆师学堂和位于南京的江南陆军学堂。这些学堂一般由中、德两国教习负责教授知识，主要学习声、光、化、电等自然科学和行军打仗之法。

随着西方国家的武器装备、军事训练方法以及战略战术开始输入中国，以湘军、淮军、练军及部分八旗为代表的武装力量，逐渐转变为近代新式陆军，它们对维护清廷统治起到了一定作用。

7. 新式海军

清朝传统水师因武器装备落后，战斗力低下，只能负责防守海口和缉捕海盗等近海任务，在两次鸦片战争中根本无力抗击外敌。虽然在此期间曾有林则徐等有识之士购买、仿造过西洋战舰，但终因不得法、不得力，而不受清廷重视。直至 1862 年，清廷为镇压太平天国，通过英国人李泰国花巨资购买下"阿思本舰队"，中国才算看到些近代海军的雏形。

但这也仅仅是看一眼而已。"阿思本舰队"又称"英国联合舰队"，共有英国退役军舰 7 艘，由两次鸦片战争的参与者、英国海军上校舍纳德·阿思本任司令，船上600 名官兵及水手均从英国招募而来。

清廷先后为之投入了 67 万两白银，但"阿思本舰队"开进中国天津港不久，便因中英双方对舰队指挥权、用人及花费等各方面皆出现严重分歧，最终导致解约，舰队随之解散。至此，大清水师的全部家当依然还是 800 余艘木制风帆船。

1866 年，清政府谕令沿海沿江各省督抚就如何加强海防展开讨论。绝大多数督抚对建立海军坚决支持，表示要造船制炮，学习西方所长。其中江苏巡抚丁日昌的《南洋水师章程》提出了设立北洋、东洋和南洋三支海军等建议，得到总理衙门认可，并成为清廷日后筹划近代海军的蓝本。此时的清廷已开始重视海防，只是迟迟未见行动。

1874 年，一向被视作"蕞尔小国"的日本悍然出兵台湾，清政府因沙俄与阿古柏祸乱新疆，难以同时兼顾西北边防与东南海防，于是只好选择息事宁人，与之签订《北京专约》，赔款 50 万两白银。

由是举朝震惊，朝野人士再次开始关注海防建设。次年，清政府任命李鸿章和沈葆桢为北洋、南洋海防大臣，正式开始筹建海军。经过 10 余年努力，分别建成的福建水师、南洋水师和北洋水师形成了晚清主要海军力量。海军建设与陆军大致相同，李鸿章、张之洞、丁汝昌、沈秉成等人先后设立了北洋水师学堂、广东水师学堂、威海水师学堂、南洋水师学堂等，培养了一批掌握近代海军知识与技术的人才。

福建水师由闽浙总督管辖，其船只大部分出自福州船政局，少数几艘从英、美购得，但船上火炮装置质量低劣，且操练不勤，难以有效御敌。在1884年的中法战争中，福建水师遭到重创，此后一蹶不振。

南洋水师由两江总督管辖，沈葆桢死后，先后由左宗棠、曾国荃、刘坤一等湘系大员控制。其船只主要由

旅顺军港

福州船政局制造，左宗棠在任时曾从德国购买过 2 艘巡洋舰。就规模和战斗力看，南洋水师比福建水师强很多，曾在中法战争中击退过敌舰。

北洋水师是李鸿章苦心经营多年的洋务事业，其船只在创办之初主要从英国购买，后来转向德国求购。至 1888 年，北洋水师正式成军，拥有"定远""镇远""济远""经远""来远"等多艘主力舰，载重量以及各舰种配置远超福建水师和南洋水师，堪称当时"远东第一舰队"。

但这样一只庞大的舰队在成军之后便未再添设一船，1891 年后甚至停止购买枪炮弹药，而日本则趁机大力发展海军事业。在随后的中日甲午战争中，北洋海军终遭灭顶之灾，全军覆没，清廷开展了 30 余年的洋务运动也就此宣告彻底失败。

第三章

民用企业

VR融媒"四史"云课堂
"四史"学习就在我身边

1. 从"自强"到"求富"

洋务运动自19世纪60年代兴起以来，以"自强"为旗号，着力发展近代军事工业。19世纪70年代，洋务派在倡导"自强"的同时又提出了"求富"口号，开始着手兴办民用企业。至甲午战争前，洋务派大约开办了20余家民用企业，涉及航运、纺织、铁路、电报、矿产等诸多领域。

清廷为何要从"自强"转向"求富"呢？

第一，为解决财政困难。经过两次鸦片战争和镇压太平天国、捻军等农民起义，庞大的军费开支和战争赔款已经让清政府难以喘息。特别是兴办近代军事工业以来，建厂、雇人、购买西洋军火等费用，每年耗资不下千万两，而当时清政府的年财政收入也不过 6 000 万两。面对国库日益空虚和军工企业耗资不菲的严峻事实，洋务派不得不进行反思，从而逐渐认识到求富才能自强的道理。

第二，洋务派中部分人士，特别是那些驻外使臣，通过实地考察，亲眼看见西方工商业的发达，已经开始注意到"强"与"富"之间的辩证关系，而西方列强经济侵略的不断加剧，更加直接地促使他们产生与洋人争利的想法。他们看到，西方国家之所以强大，并不仅仅在于拥有坚船利炮，也是因为经济发达。而且，随着通商口岸的渐次开放，中外商业往来远远多于军事往来，洋人获利甚大，洋务派已认识到，既然不能禁止洋货输入，也不能禁止百姓使用洋货，何不自设机器制造商品，自造轮船、铁路运输，进而发展工商业、开辟财源呢？

第三，建设近代军事工业，势必需要充足的原料、燃料供应，以及交通运输、电信通信等相关事业的配合。

洋务运动进行到19世纪60年代后期时，已经开始出现原料匮乏、运输困难、信息不畅等诸多难题。洋务派逐渐认识到，军事工业的长足发展也必须依赖采矿、冶炼、铁路、航运、电报等民用事业的共同发展，这样才能形成有效的近代国防体系，"求富"从而成为洋务运动的主要内容之一。

2. 轮船招商局

轮船招商局是洋务运动从"自强"转向"求富"、从官办转向官督商办的第一个民用企业，也是近代中国第一家轮船航运公司。

鸦片战争后，外洋商船开始频繁航行于中国沿海、沿江口岸。当时，在上海、香港、天津等地均有众多外商经营的轮船公司，如美国旗昌、英国会得丰、上海拖驳、太古洋行、德国美最时等。它们承揽货运、客运和漕运，垄断了沿海和长江中下游的内河航运，不仅令中国传统的民船航运业濒临破产，还使巨额航运收入流入

轮船招商局上海办事处

洋商的腰包。

　　1868 年，江苏常镇道道员许道身和江苏候补同知容闳向时任两江总督曾国藩提出，由华商集资买船，春夏承运漕粮，秋冬承运客货，但不被接受。尽管如此，依然有不少华商愿意自购轮船，与洋商争利。说来也巧，中国近代史上著名的洋行买办唐廷枢有一次乘洋轮由上海赴香港，中途遇风停航，其间乘客每人每天只能得到 1 磅水，而船上羊群的饮水却不受船主限制。唐廷枢深感屈辱，抵达香港后即筹措资金租赁了 2 艘轮船，来往于上海、香港。

李鸿章等人也在洋务实践中逐渐认识到航运可获大利，不可不兴。1872 年 4 月，李鸿章的幕僚盛宣怀建议李鸿章兴办航运与洋人争利，为建造兵舰提供经济来源，得到商人、买办及李鸿章本人的积极支持。8 月，李鸿章命有多年船运经验的朱其昂筹备相关事宜。1873 年 1 月，朱其昂、朱其诏兄弟借官银 10 万两，其他商人认购 10 万两，组建了轮船招商公局。公局为官督商办性质，朱其昂负责主持，先后购买了"伊顿""永清""福星""利运"等轮船，初期主要负责漕运。由于募集商股较少且不揽客，货又很难与洋商竞争，所以半年左右公局就亏损了 4 万余两。朱其昂被迫辞职，轮船招商公局进入改组阶段。

1873 年，李鸿章任命唐廷枢为总办，朱其昂、徐润、盛宣怀、朱其诏为会办，将轮船招商公局改组为轮船招商局，并重订章程，将股金增至 100 万两。外洋轮船公司随即联成一气，采用大幅度降低运费等手段打击

人物故事

唐廷枢

　　唐廷枢生于广东香山（今广东中山），是中国近代史上著名的洋行买办，有"买办第一人"之称，又是清末洋务运动的积极参与者，是李鸿章的得力助手。他去世时，李鸿章曾在其葬礼上说，"中国可以没有李鸿章，但不能没有唐廷枢"。这虽是客气话，但一定程度上也是事实。唐廷枢一生创下了许多个"中国第一"，如创办中国第一家国有股份制企业、第一家保险公司、第一家铁路公司、第一座水泥厂……他的身影几乎涉及洋务运动所有领域，包括航运、钢铁、煤炭、冶金、铁路、军事、能源、电报、农业、畜牧、煤气、外贸和外交，堪称洋务运动的主将，对中国近代经济发展起到了举足轻重的作用。

　　轮船招商局。在李鸿章的扶植下，轮船招商局最终迫使旗昌公司破产，其他外洋轮船公司则选择妥协，同招商局3次签订合同，实行航运统一定价。自此，招商局开始扭亏为盈，当年盈利6.7万余两，到1879年盈利高达67万余两。1884年，唐廷枢和徐润因挪用公款一事败露，被迫离职。次年，盛宣怀被李鸿章委任为轮船招商局督办，独掌大权 18 年之久。

轮船招商局总局设在上海，分局设在天津、牛庄、烟台、汉口、福州、广州、香港，以及国外的横滨、神户、吕宋、新加坡等处，资本共计 420 余万两，是民用企业中最有成绩的企业之一。它不仅开启了股份制募集资本和官督商办经营管理的新模式，也打破了洋商垄断中国航运的格局，一定程度上维护了中国的利益。

3. 开平矿务局

洋务运动时期的轮船，主要以煤炭作燃料提供动力。随着中国沿海及内河兵舰、商船日益增多，对煤炭的需求量也随之日益上升。据统计，19 世纪 60 年代中期，所有在华外洋轮船耗煤量多达每年 40 万吨，由于国内尚无以近代机器开采的煤矿，用煤主要依靠外商从海外输入。高昂的运输成本迫使他们将目光转向中国境内，经过实地勘探，英、美两国都发现并表达了"帮助"清政府开采基隆煤矿的愿望，但均遭拒绝。

当时，洋务派官员所办的军工业所需的大量煤、铁等材料，也是花巨资从国外购买而来。曾国藩、李鸿章、沈葆桢等人均认为，应该雇用洋匠，购买机器，自行开采煤矿，在保证利权的前提下，满足洋商和自身所需。

1875 年，清政府下令先在磁州、台湾试办机器采矿。由于交通不便、矿藏有限以及当地居民反对等原因，洋务派放弃了磁州煤矿，转向开平一带。次年，李鸿章

开平矿务局矿井

派唐廷枢赴开平一带勘测，发现当地矿产蕴藏丰富。所带回的矿石样品经同文馆和英国伦敦矿务院鉴定，品质优良。

1878年，开平矿务局正式成立。唐廷枢本来计划招股80万两从事冶铁和采煤，实际上却只依靠自身、徐润等人及其亲友投资了20万两。因资金短缺，加上炼铁成本太高，所以矿务局专事煤炭开采。经过2年多的凿井施工准备，开平矿务局于1881年全面投产。在李鸿章的扶持下，开平矿务局一开始便享有减税待遇，再加上唐廷枢等人经营有方，其产量和效益逐年增加。

投产当年仅产煤3 600吨，但次年即达到3.8万吨，1889年猛增至20.7万吨。该局所产煤炭主要供应轮船招商局和天津机器局，也大量投放市场，获利颇丰，至19世纪末总资产已近600万两。此外，在这家大型企业的带动下，短短20年间，以开平煤矿为中心向周边辐射，一座近代意义上的工业城镇——唐山迅速崛起。

唐廷枢于1892年病逝，此后开平矿务局由醇亲王奕譞的侍役张翼接任。张翼既不善经营，又贪婪昏庸，以

人物故事

赫伯特·胡佛

1897 年，英国矿业巨头墨林采矿公司公开招聘有长期找矿经验的地质学家，要求应征者年龄必须超过 35 岁。胡佛当时还是个刚从斯坦福大学毕业的毛头小子，每天在加利福尼亚的矿坑中工作 10 小时，才能挣到 2 美元。在机会面前，他采用虚报年龄的招数蒙混过关，并一路过关斩将获得了这份工作。在被派往中国之前，他和女友闪电式结婚，并在结婚次日一道奔赴中国。他们还分别给自己取了个中文名字——胡华与胡潞。1900 年，义和团运动爆发，胡佛伙同德国人德璀琳，利用张翼的胆小怕事，以极低价格骗取了开平矿务局的所有资产，捞到了他人生中的第一桶金——400 万美金，为他日后入主白宫打下了坚实基础。

致矿务局生产每况愈下，1901 年被英国墨林公司的代理人、后来的美国第 31 任总统赫伯特·胡佛设计吞并。

之后，洋务派还曾开办过基隆煤矿、湖北荆门煤矿等，但无论实力还是效益，都不及开平矿务局。

4. 汉阳铁厂

中国有着悠久的金属冶炼史，早在商周时期已能铸造青铜和铁器，但使用机器采矿、冶炼则始于洋务运动时期。19世纪80年代前后，洋务派开办了很多金属矿厂，包括铜、铅、铁、金、银矿等，其中最为著名的当属汉阳铁厂。

随着洋务运动逐步深入，作为军事工业原料的钢铁的需求量日益增加。洋务派大员张之洞看到洋务企业对进口洋铁甚为依赖，导致白银大量外流，便产生了兴办铁厂，与洋商争利的念头。

在担任两广总督期间，张之洞就曾经办过制铁厂，但因为沿用土法生产，质与量均无法与洋铁竞争。他逐渐认识到，只有引进西方先进技术设备，才能冶炼出质优价廉的钢铁。1889年，张之洞委托驻英公使刘瑞芬购买英国谛塞德公司生产的2座高炉以及其他一些机炉，拟在广州城外珠江南岸的凤凰岗设厂。后因被调任湖广总督，再加上广州铁矿资源不足，他便将铁厂迁至湖北。

汉阳铁厂于 1891 年动工，1893 年建成投产。包括生铁、贝色麻钢、西门士钢、钢轨、铁货、熟铁等 6 个大厂和机器、铸铁、打铁、造鱼片钩钉等 4 个小厂，并配建有铁路、码头、船队、大冶铁矿、马鞍山煤矿、王三石煤矿等，是当时中国第一家，也是中国最大的钢铁联合企业。1894 年，汉阳铁厂日产铁 50 吨，年产钢 3 万吨，但由于耗资巨大、生产成本过高，且产品质量低劣等原因，投产不久即陷入困境。

汉阳铁厂外景

关于厂址选择，张之洞没有听从李鸿章在离煤矿较近处安设的意见，坚持将铁厂建在省城武汉的汉阳龟山。这样，为其提供燃料的马鞍山、王三石煤矿，只能将煤和铁砂逆流而上运至省城，无疑增加了运输成本。而且煤矿选择也存在问题，王三石煤矿在开采 2 年后，因暗水将矿井淹没，不得不放弃。马鞍山煤矿的煤炭则因硫多灰多无法使用，结果还需以高价从德国进口焦炭，造成巨大浪费。

引进西方先进机器冶炼钢铁还要注意一个重要且基本的常识，那就是所购机炉必须与作为冶炼原料、燃料的铁石、焦炭性能对号。张之洞对此并不知情，所托之人刘瑞芬也是个外行。当谛塞德公司提出要先将铁厂所用铁石、煤焦化验再选择机炉时，张之洞却认为，中国之大，无所不有，何必要先寻找煤、铁再购机炉呢？只要按照英国所用的机炉购办即可。

英国人在惊愕中，将本国所用的贝色麻钢炉卖给中国。这个钢炉不能去磷，而大冶铁矿所炼生铁含磷量却高达 2.5%，从而造成钢铁极易断裂，以致销路不畅，

产品大量积压。从投产之日起至 1896 年 4 月止，汉阳
铁厂仅卖出钢铁价值 2.4 825 万两，其间的开支则高达
160 万两。

　　张之洞被迫不断以官款填补汉阳铁厂巨额亏损的
"黑洞"，但也没能扭转危机。1896 年，汉阳铁厂不得不
转为商办。盛宣怀接手后，任用郑观应为总办，加以改
革整顿，生产经营才随之有所起色。从此，中国钢铁工
业蹒跚起步，直至百余年后钢铁产量雄踞世界第一。

5. 上海机器织布局

　　第一次鸦片战争后，西方资本家利用不平等条约的
保护，在中国各通商口岸大量倾销洋布、洋纱，很快抢
占了广大市场。因洋布物美价廉，很多人都逐步弃用土
布。据统计，英国在鸦片战争前每年输入中国的棉纺织
品价值仅 40 余万两，19 世纪 70 年代中期便增至 3 000
余万两，90 年代初已猛增至 5 000 余万两。面对白银外
流、女红失业的状况，洋务派认识到只有自设洋布厂，

才能保障相应利权。洋务运动期间开办的纺织企业主要有兰州织呢局、上海机器织布局、湖北纺织官局等，其中以上海机器织布局最具代表性。

1878 年，前四川候补道员彭汝琮分别呈禀沈葆桢和李鸿章，拟在上海建立机器织布局。李鸿章明知彭汝琮劣迹斑斑，但考虑到办厂急迫，且有公正笃诚的郑观应任会办，便很快批准了他的要求。谁知彭汝琮秉性不改，专意骗人，办厂终告失败。

1880 年，李鸿章委派编修戴恒为总办、道员龚寿图为会办，专管"官务"，郑观应、经元善一同参与，专管

华盛纺织总厂使用的产自英国的动力头道粗纱机。这是我国现存最早的动力纺织机器

"商务"，重新筹建织布局。李鸿章还批准郑观应的建议，命令通商各口10年内只准华商附股搭办，不准另行设局，并且该局所产布匹如在上海销售，"免完厘税"，如运往内地销售，仅在上海海关"完一正税，概免沿途厘税"，使其享有特别专利权和充分的税收优惠待遇。上海机器织布局设在杨树浦，订购了轧花、纺纱、织布等全套机器设备。然而，1883年上海爆发了金融倒账风潮，导致股票大幅下跌，上海机器织布局因存有大量票据而陷入危机。次年，应粤防大臣彭玉麟之邀，郑观应离开上海远赴广州，盛宣怀接办该局，之后重新清理账目，直到1887年完毕。

这一年，李鸿章另派江海关道龚照瑗与龚寿图重新收拾残局，再次建厂。几经周折后，上海机器织布局终于在1889年正式开工投产，次年又由洋务经验丰富的轮船招商局会办马建忠接任总办。织布局从弹花、纺纱到织布全部使用从美国引进的机器设备，并聘请美国技术人员担任总工程师，其产品可与洋布相媲美，营业兴旺。然而，就在李鸿章准备向英国采购机器，扩充上海机器

人物故事

彭玉麟

彭玉麟是清末水师统帅，中国近现代海军奠基人，有人将他与曾国藩、左宗棠并称"大清三杰"，也有人将他与曾国藩、左宗棠、胡林翼并称"中兴四大名臣"。他是近代史上金戈铁马、叱咤风云的人物，也是多才多艺的痴情种子。他少年时住在外婆家，最喜欢与外婆的养女梅姑玩耍。梅姑只比他大一点点，但从辈分上讲算是小姨。二人青梅竹马，两情相悦，私订终身，却终因家长反对被迫分手。后来，梅姑出嫁，死于难产。彭玉麟伤心之余，立誓要一生画梅，要画足一万幅梅花图。他说到做到，画了整整40年。他的梅花干如铁，枝如钢，花如泪，人称"兵家梅花"，与郑板桥的墨竹并称"清代书画二绝"。

织布局之际，上海机器织布局于1893年发生火灾。因租界拒绝救援，致使大火烧了10个小时，厂房宿舍变成废墟，机器设备变为废铁，原料产品化为灰烬，损失超过百万两。

就在当年，李鸿章又令盛宣怀着手重建。在妥善处理了旧股清理等事务后，盛宣怀在旧址建起了规模更大的"华盛纺织总厂"，并于1894年开工投产。

6. 电报总局

同矿务、航运一样，西方列强和资本家对中国的电报事业也一直垂涎三尺。第二次鸦片战争后，俄、英、美等国先后向清廷提出了架设电报线的请求，均遭拒绝。1865年，上海利富洋行在浦东设立了200余根电杆，但均被地方官员密令民众全部拔除了。

到19世纪70年代，洋务官员和进步商人已逐渐认识到电报在军事领域的积极作用。特别是在1874年，当年日本悍然出兵台湾，李鸿章、沈葆桢等通过书信商量调兵事宜，费时1个多月才商定，再等调度好轮船，分批运兵，又过去了3个月，但此时中日交涉早已结束。这件事情令他们切实体悟到了电报的重要性。

当时中华大地风气未开，架设电报线刚刚提出便会遭到顽固派的强烈反对。他们认为架设电线，需深入地底，四通八达，必然破坏风水、毁坏坟墓，与中国传统伦理道德格格不入。后来，为抵制列强染指电报权益，并满足洋务运动军事自强的需要，清政府才准奏沈葆桢在台海设立电报线，继而又与丹麦大北公司签订收购合同，将相关资产买回自办。1876 年，台南办起了中国第一所电报学堂。1878 年，打狗（今高雄）建起了第一条由中国人架设、掌管的电报线。

1879 年，李鸿章在天津鱼雷学堂教习贝德斯的协助下，架设了大沽至天津的电报线。次年，清政府因伊犁问题派驻英公使曾纪泽赴俄交涉，中俄关系一度非常紧张，设立电报线的需求变得愈加迫切。

《点石斋画报》中的《谣言宜禁》一画讲的是，泰州设立了电报局，以方便官、商联系。但有人谣传，电是死者之魂炼成，所以有人便把家中神牌拿去，想以四五十元的价格出售给电报局。局中的职员知他被谣言所惑，便将其驱逐出去，并报告州官张贴告示予以禁绝

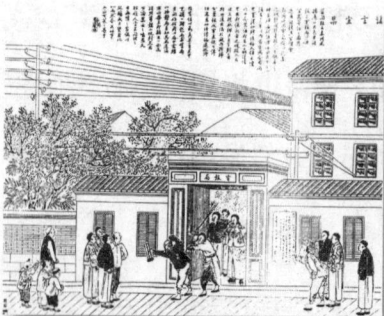

李鸿章通过对比中俄军事情报传递手段及速度，发现俄国利用电报线可使信息迅速传递至上海、恰克图等地，比中国传统的驿递快出千万倍，于是奏请清政府准许架设津沪电报

线。同年 10 月，李鸿章在天津设
立电报总局，命盛宣怀为总办，同
时附设电报学堂，并于紫竹林、大
沽口、济宁、清江、镇江、苏州、
上海等地设立分局。

1882 年，电报总局改为官督
商办，后迁往上海，在各地设分
局、子局、子店、报店四级分理机
构。此后，盛宣怀秉持"利商"原

盛宣怀

则，鼓励商人积极参与工矿商业繁荣地区的电报事业，
至 1890 年，电报总局还因此在管理上被划分为电报官局
和电报商局，但都由盛宣怀总揽。

以津沪线为基础，电报总局开始大规模设线。至甲
午战争前，电报线东北至吉林、黑龙江，西北达甘肃、
新疆，东南抵广东、福建与台湾，西南到广西、云南，
遍布 22 个行省，并延伸至外藩朝鲜，初步形成了四通八
达的电讯网，在传递军事与商务情报、政治与外交信息
方面发挥了重要作用。

7. 修建铁路

列强的坚船利炮，打醒了部分亲临战场的开明官员和时代精英，他们开始睁眼观察以往从不了解的西方世界，急欲效法西方各类"长技"，其中就包括刚刚诞生10余年的新生事物——铁路。早在1859年，洪仁玕就在《资政新篇》中提出了在中国修铁路的建议，而洋务派直到19世纪70年代才开始向清廷提出相关奏请。

完成工业革命后，西方列强不仅争相在本国大规模修建铁路，还积极在殖民地、半殖民地国家争夺铁路修筑权。从19世纪60年代开始，英、法、美等国曾多次提出在中国铺设铁路的请求，但均被清廷拒绝。

1865年，英商杜兰德曾私自在北京宣武门外铺设了一小段铁路，最终以被严令拆卸告终。后来，海关总税务司赫德、英国公使馆参赞威妥玛又曾先后向总理衙门呈递《局外旁观论》《新议略论》，再次建议清政府修建铁路。

督抚大臣们经过认真讨论，有些人认为此举不合民意，而且贫民可能因为修建铁路而失去生计，遂予以抵制。但以李鸿章为代表的另一些人则认为，修铁路是早晚的事，与其坐等洋人掌握先机，还不如中国掌握主动权，尽早自行修建。

19世纪70年代，清政府开始正式讨论筹建铁路事宜，这很大程度上是拜日本侵华企图的日益显露所赐。考虑到日本近年来大力引进西方先进技术，维新变革，

人物故事

刘铭传

刘铭传是安徽合肥人，著名淮军将领。他11岁丧父，生活艰难，18岁放弃读书，一度落草为寇，靠贩卖私盐和劫盗为生，其母因受牵连自杀。后来，刘铭传投靠李鸿章的淮军，因镇压太平天国、捻军起义、回民起义等战功不断升迁。1884年，中法战争爆发，刘铭传受命赴台抗法，经过10个月的战斗，取得最后胜利。次年，台湾建省，刘铭传任台湾巡抚，为台湾的现代化奠定了深远基础。1895年，中日甲午战争后，台湾被割让给日本，刘铭传悲愤至极，身心交瘁，于次年年初病逝。

野心勃勃，已成为清帝国的潜在威胁，李鸿章等人认为中国再不能因循守旧，必须即时变革，才能与东洋抗衡，而修铁路是最重要的项目之一。1874 年，李鸿章在奏折中正式提出架设铁路，将南、北洋的滨海七省联为一体，以保证快速运兵，相互支援的需要。1876 年，洋务派将英商淞沪铁路公司所建的上海至吴淞铁路买回自办，但旋即拆除，继而又决定在台湾修建铁路，也因顽固势力阻挠、经费短缺等问题而作罢。

1880 年，曾任直隶提督的刘铭传与李鸿章又先后上

唐胥铁路通车情形

奏，重提修建铁路，也再次遭到守旧势力激烈反对。顽固派代表通政使参议刘锡鸿曾列举出修铁路的 8 个不可行的理由、8 个不利因素和 9 个有害之处，甚至以"会触犯山川之神"为由极力阻挠。结果清廷最终否定了刘铭传等人的奏请，顽固派获胜。有意思的是，就在顽固派取得口头胜利之际，中国第一条铁路——唐胥铁路（唐山至胥各庄）建成完工了。

唐胥铁路是开平矿务局为解决运煤需要，由李鸿章奏请修建的。该铁路于 1880 年 10 月动工，次年建成通车，全程长 9.7 千米。最初，由于清廷下令不准在铁路上使用蒸汽机，该路只能用马匹拉着运煤车在铁道上行驶。后来，胥各庄铁路修理厂的技术人员自己动手设计制造了中国第一台蒸汽机，才开始用机车牵引火车。可是不久机车就因有人弹劾它会震动皇家陵园，且喷出的黑烟会污染庄稼，而被停运了几个星期。

后来，洋务派又主持修建了关东铁路的林西镇至山海关段、台湾铁路的基隆至台北再到新竹等段。从 1881 年至 1894 年，十几年间，洋务派冲破重重阻力，共修建了 300 多千米铁路。虽然与中国广大的国土面积相比它显得微乎其微，但它毕竟开通了社会风气，改变了中国沿袭数千年的传统运输方式。

8. 商办企业

受自然经济解体、洋务运动诱导和外商刺激等因素共同影响，在 19 世纪 70 年代前后，中国出现了一批商办企业。它们不仅是近代中国民族资本主义工业的发端，也由此诞生了中国最早的民族资产阶级。其中有一部分为中小地主、官僚、买办、商人和华侨，另一部分则是由原来的作坊主采用机器生产后转化而来。

商办企业中比较著名的有上海的发昌机器厂、广东的继昌隆缫丝厂和天津的贻来牟机器磨坊。

发昌机器厂创始于上海，它是中国近代第一家资本主义工业企业。最初，该厂只是由铁匠方举赞和孙英德合伙设立的一家打铁作坊，仅有四五个工人，资本 200 元上下，业务局限于为外商船坞打造修配零件。1869

年，方举赞开始使用车床，逐步扩大生产能力，至1876年已能生产小火轮。该厂还兼造车床、汽锤等产品，至19世纪80年代已发展成为拥有车床10余台，工人200余人的工业企业。

继昌隆缫丝厂的创办人是东南亚华侨陈启源。陈启源早年出国谋生，后在越南、泰国经商，经过数年经营，成为知名侨商。他在泰国经商期间，看到当地的缫丝厂使用法国的机器缫丝，不仅效率高，而且丝质精良，于是萌生了筹办缫丝厂的想法。1872年，他回到祖国，在家乡南海简村招工数百人，亲自传授西方缫丝法，以蒸汽机为动力，创办了继昌隆缫丝厂。建厂初期，因乡民迂腐迷信，认为男女同厂做工有伤风化、厂房烟囱有碍风水，工厂遭到抵制，一度还被官府查封。陈启源顶住压力，将缫丝厂迁往澳门，10余年后又重新迁回简村，与其侄子开办的利厚生缫丝厂合并，更名为世昌纶缫丝厂。因该厂所缫之丝精美，且成本较低，得以行销欧美两洲，获利丰厚，并带动了整个广东缫丝业的发展。

贻来牟机器磨坊的创办人是江苏宝山（今上海）人

朱其昂。"贻来牟"这个名字看似古怪且洋化，其实是根据中国古籍而来，说白了就是"送来麦子磨面"的意思。朱其昂20多岁就因志向远大、敢于冒险赚下了巨大家资，之后又花钱进了官场。1878年，他在天津紫竹林村外创办了贻来牟机器磨坊。一开始磨坊只有一台磨面机，10余名人手，并且不是完全的机械化，但由于效率高且出面多、出面白，一年下来，朱其昂就赚到了数千两银子。这家半机械化的小作坊开创了天津机磨面粉的先河，成为中国北方最早的民族企业，也带动上海、福州、北京等地相继办起了机器面粉厂。

此外，当时较为著名的商办企业还有黄佐聊于1881年在上海创立的公和永缫丝厂；1882年徐鸿复和徐润在上海开办的同文书局；杨宗濂、吴懋鼎、周盛波于1868年在天津创办的自来火公司（火柴厂）；1887年李宗岱开办的山东平度金矿；1891年戴嗣源在上海创办的戴生昌轮船局等。它们主要涉及纺织、面粉、造纸、制药、航运等民用工业领域，也有少数投资机器制造和采矿业。

从1869年到1894年，商办企业只有50余个，且多集中在沿海通商口岸地区，普遍资金少、规模小、技术力量薄弱。这些商办企业全部资本不过 500 余万元，其中个别厂矿资本能达到 20 万元，大部分都在 10 万元以下。另外，它们虽说都采用机器生产，但大都设备简陋，且数量严重不足。如当时的火柴制造，除采用新原料和技术外，仍然沿用传统的手工生产方式。这势必导致这些商办企业的产品缺乏市场竞争力，远不如洋务运动和外商所办的企业。

商办企业作为一支被"刺激"出来的新生力量，从一开始便受到外国资本主义和国内封建集团的双重压迫，备受打击，只能在夹缝中艰难谋生。如 1882 年创办的上海玻璃厂，勉强维持到 1888 年即被英商福利公司吞并。而且直到 1894 年前，商办企业始终没能获得清政府承认的"合法地位"，时常受到官府横征暴敛，敲诈勒索。如天津武举李福明曾在北京开办机器磨坊，官府见其生意兴隆就处处刁难。他据理力争，却被官府以"私设磨坊"治罪，不但武举的功名被革，面粉厂也被迫关闭。

IV 洋务文化教育

VR融媒"四史"云课堂
"四史"学习就在我身边

1. 新式学堂

　　洋务是与西方近代军事、工业、外交等各方面有关的事务，传统儒家教育及其培养的封建士子根本无法满足洋务运动的需要。在洋务实践中，洋务派愈发认识到培养新式人才的重要性和紧迫性，在举办军事工业与民用工业的同时，也衍生出创办新式学堂、派遣留学生、翻译西书、创办报刊等一系列洋务文化教育事业。整个洋务运动期间，洋务派共创办新式学堂24所，大致包括外国语学堂、军事学堂和专门技术学堂3类。

　　鸦片战争后，中外交涉开始增多。由于双方语言不通，清政府通常聘请传教士担任翻译，结果往往在谈判中受到洋人的蒙骗。虽然谈判订约有中文、外文两份文件，但 1858 年的中英、中法《天津条约》规定，在今后中英、中法签署的文件中，如遇到中文、外文文件阐述不一致的地方，当以英文、法文文件为准。所以清政府尤其是与西方国家打交道甚多的洋务派，迫切感受到培养外语翻译人才的重要性。

1862 年，奕䜣以了解各国情形，不受洋人欺骗为由，上奏请设同文馆，招收学生学习外国语言文字。同年 6 月，同文馆（又称京师同文馆）在原有俄文馆的基础上扩建而成，正式开课，成为洋务运动中的第一所新式学堂。同文馆设有英文馆、法文馆、俄文馆、算学馆、化学馆、德文馆、天文馆、格致馆、东文馆等，最初只招收旗人子弟入学，后来将招生对象扩展至汉人，成绩优异者授给功名身份。数十年间，先后有 40 名外国人，包括传教士和外交官在同文馆执教，其中以美国人丁韪良担任总教习时间最久，长达 25 年。

丁韪良在任期间对同文馆的西学课程设置做出重大

同文馆门额

改革。他根据学生情况不同，拟定 2 套课程：一套为 8 年制，一套为 5 年制。

前者课程包括外文、各国历史地理、化学、数学、天文测算、格物、机器制造等；后者除不学外文，与前者学习课程大体相同。汉文教习则主要教授传统儒学、清王朝的圣谕和典章制度等，这也体现了洋务运动"中体西用"的指导思想。

1902 年，同文馆并入 1898 年创建的中国第一所具有现代意义的大学——京师大学堂。

继同文馆之后，洋务派又陆续开设了外国语言文字学馆，后改称上海广方言馆、广州同文馆，以及其他一些地方的学习语言文字学馆等。

随着洋务运动的深入进行，洋务派日益认识到学习外国语言文字仅仅是习其皮毛，还需要培养军事人才与科学技术人才，才能做到"师夷长技以制夷"。

洋务派创设的军事学堂包括洋务军用工业内设的

学堂，如江南制造总局的操炮学堂、福州船政局的船政
学堂，还有一些水师学堂、武备学堂等。其中 1895 年

事实真相

丁韪良

　　丁韪良是美国传教士，原名威廉·亚历山大·彼得森·马丁，23 岁（1850 年）来到中国，先后在中国生活了62 年，1916 年死于并葬在北京。他是个背景、经历都相当复杂的历史人物。一方面，他积极向中国输入西方知识，同时也将中国介绍给西方，一生共译著东西方经典 50 余部，涉及语言学、国际法、政治经济学、自然科学、宗教心理学、历史、文学、哲学等诸多领域，客观上促进了西学东渐和中国近代教育的形成。另一方面，他也曾亲自拿起武器，参与八国联军对中国人民（义和团民众）的屠杀。此外，太平天国时期，他曾建议美国政府将中国分为南北两个国家，使太平天国统治南方，清朝统治北方，以便分而治之，从中渔利；之后又积极建议美国政府占领中国海南岛，使之成为美国"转动世界的支点"，为美国将领土扩展到太平洋沿岸，并将势力延伸到日本和中国服务。八国联军侵华期间，他还建议西方国家解散中国的军队，摧毁中国所有的兵工厂，并提出"以华制华"策略，以便按照西方的需要控制和摆布中国。

刘廷琛使用的京师大学堂总监督关防

李鸿章创办的天津武备学堂是中国第一所培养陆军军官的学校。

学堂设有步、马、炮、工程、铁路等科，注重实际演练和考试，毕业学生多成为各省新军的骨干，如段祺瑞、冯国璋、王士珍、曹锟、吴佩孚等著名北洋将领。1900年，天津武备学堂在八国联军侵华之役中被焚毁。

还有一类是培养专业技术人才的学堂。如学习电讯电报技术的有天津电报学堂、上海电报学堂；学习医学的有1881年李鸿章在天津设立的医学馆，后更名为北洋医学堂，是清政府自办的第一所西医学校；学习铁路技术的有1895年创办的山海关铁路学堂，是中国最早的铁路学校；学习采矿技术的则有1892年创办的湖北矿务学堂。

新式学堂的出现，给沉闷腐朽的封建教育体制注入了新的活力。虽然这类学堂数量有限，学生人数也不多，且缺乏足够的师资和经费，但毕竟开辟了一条与科举取士不同的人才选拔途径，为推进中国教育近代化奠定了基础。

2. 派遣留学生

派遣留学生是洋务运动深入发展的客观要求和必然结果。因为要实现国家自强，就不能仅仅局限于制枪造炮，还需要掌握西方先进的科学知识，而相较于聘请洋教习兴办新式学堂，派遣留学生无疑是一条更直接、更有效的途径。这始于 1872 年由容闳倡导的选派幼童赴美留学。

容闳是第一个毕业于美国耶鲁大学的中国留学生，是中国近代留学生事业的先驱，被誉为"中国留学生之父"。1867 年，容闳曾向江苏巡抚丁日昌提出 4 点维新建议，其中第 2 条即为政府应选派优秀青年出洋留学，为国家储蓄人才。但此议案上奏总理衙门后，因为文祥

1872 年首次赴美留学的 30 名幼童在上海轮船招商局门前留影

逝世而被无限期搁置。

事情的转机出现在 1870 年，这一年天津发生教案，法国多名传教士被杀，清政府为此一面向法国赔款道歉，一面派曾国藩、丁日昌等 4 人前去交涉。容闳利用担任翻译赴天津处理教案之机再次提议，得到了曾国藩的首肯。

1871 年，曾国藩领衔上奏《挑选幼童出洋肄业事宜折》，并附《挑选幼童前赴泰西肄业章程》，拟选派幼童

120 名，分 4 年派送，每年 30 人，规定他们不准加入外国国籍，不许私自先回，另谋他业。而且，为防止幼童过于"洋化"，应中、西学并重，由汉文教习讲授《孝经》《小学》《五经》及《国朝律例》等书。

经过多方努力，1872 年夏首批 30 名幼童得以赴美，由上海广方言馆总办陈兰彬任留美学生监督、容闳任副监督进行管理。此后连续 3 年，清政府每年都派 30 名幼童，准备在美国学习军政、船政、步算、制造诸学。

这些幼童最初都散居在十几个美国家庭中，熟悉英语环境。他们大都聪敏好学，成绩优异，且与美国人相处融洽。由于长期受美国文化的浸染，学生们在一些日常习俗上与美国人日益接近，开始穿西装，并将辫子盘起放进衣领，有的甚至剪掉辫子，参加基督教礼拜活动。

这些行为被陈兰彬、区谔良、容增祥、吴嘉善等几届监督视为"叛逆"传统，以此猛烈抨击容闳，并屡次与留学生冲突。第四届监督吴嘉善认为，外洋风俗，流弊多端，学生们所读儒书很少，还不可能形成稳固的儒家道德观念，以致他们尚未研究西方技能，就已经沾染

容闳与长大后的留美幼童合影，左起吴其藻、杨昌龄、容闳、吴仰曾

上西洋恶习了，多次奏请撤回留美学生。

虽然李鸿章尽力周旋，但清政府还是于 1880 年明令撤销留美教育局。次年，4 批留学生除容揆等少数几个继续留美外被全部召回，其中只有 2 人获得学士学位，包括后来成为著名铁路工程师的詹天佑。中国近代史上第一次派遣学生出洋求学的尝试就这样中途夭折了。

鉴于幼童赴美容易沾染西洋习气的教训，清政府后来开始选拔成年的、有一定外语和科学基础的学生出国留学，并缩短其留学期限。

1877 年，福州船政学堂选派 12 名学生留英，其中包括维新运动期间著名的近代启蒙思想家严复，另有 14 人留法。后来又陆续派出 2 届学生赴英、法等国学习。这些学生在海外学习海军、造船、建筑、法律等专业，他们大都学习成绩优异，回国后纷纷受到重用。整个洋务运动期间，清政府共派遣了 200 多名学生出国留学。

3. 译书办报

洋务运动期间，兴办新式学堂或派遣留学生都只是在一定范围内学习西学，真正促使西学传播并开始扩大其影响的当为翻译西书、创办报刊。

北京同文馆、上海广方言馆，以及江南制造总局的翻译馆是洋务运动时期的主要译书机构。同文馆除了教学外语，翻译为其重要的活动之一。

首先是教习译书。由于当时关于近代科学的书籍大都由西方国家出版，国内罕有，因此洋教习不得不翻译教材，以满足教学需要。如丁韪良翻译的《格物入门》《万国公法》诸书，皆受到华人欢迎，《万国公法》更是成为当时最权威的法律著作。化学教习法国人毕处干翻译的《化学指南》，是中国最早系统介绍化学知识的书籍。汉人教习李善兰也翻译了《几何原本》《代数学》等书籍。

其次是洋教习指导带领学生进行翻译。丁韪良改革同文馆课程设置后，学生第二年就开始接受翻译训练，从第五年开始翻译西书，逐渐形成丁韪良与学生汪凤藻为中心的翻译团队，同文馆译书总量的三分之一都出自他们之手。此外，还有学习成绩优秀的学生独立进行翻译。如汪凤藻、联芳、庆常、席淦等人都是同文馆历届学生中的佼佼者，拥有过硬的外语水平，他们也成为中国最早一批自己培养的翻译人才，所译之书有《富国策》《新加坡律例》《算学课艺》等。

至 1888 年，同文馆共译西书 22 种，内容涉及政法、外交、外国史地、自然科学、经济、语言等，印成后免费赠送官员，对传播西学起到了很好的先导作用。

　　1867年，江南制造总局设立翻译馆，并于1869年将广方言馆并入制造局内。翻译馆先后聘请中外学者59人参加译书，其中外国学者9人，包括英国学者傅兰雅、伟烈亚力、罗亨利、秀耀春，美国学者金楷理、林乐知、玛高温、卫理，日本学者藤田丰八；中国学者则有徐寿、华蘅芳、舒高弟、李凤苞等名士。

江南制造总局翻译馆

　　较同文馆而言，翻译馆翻译西书成绩更为显著。从1871年到1880年，翻译馆已刊印译书98种，译成未印的有45种，还有13种尚未译完，内容涉及军事、数学、物理、化学、天文、地质、医学等。前期译书以军事内容为主，如《防海新论》《水师操练》《行军测绘》；后期则以自然科学为主，如华蘅芳译的《代数》《微积溯源》《金石识别》《银矿指南》；徐寿编译的《化学鉴原》《西艺知新》等。

　　除了翻译西书以外，创办报刊也是近代国人获取新知的一个途径。由于清朝入关后，统治者一面遵循封建礼教，奉行"愚民"政策，一面大兴文字狱，思想监管十分严格，绝不允许官方控制以外的其他任何报纸发行，所以中国近代最早的报纸是来华洋人所办的外报。鸦片战争前后，葡、英、美、法等国相继来华办报，有《察世俗每月统记传》《蜜蜂华报》《字林西报》《万国公报》《申报》等。

　　与传统书籍相比，报纸具有出版周期短、传播内容连续完整、方便携带阅读等特点，更容易为人们所接受。

上述外报在宣扬基督教的同时，也传播了很多西方政治制度、科技文化乃至时政新闻等信息，从而不仅拓宽了近代知识分子的封闭视野，促使他们转变观念，更加带动了中国近代报业的产生和发展。

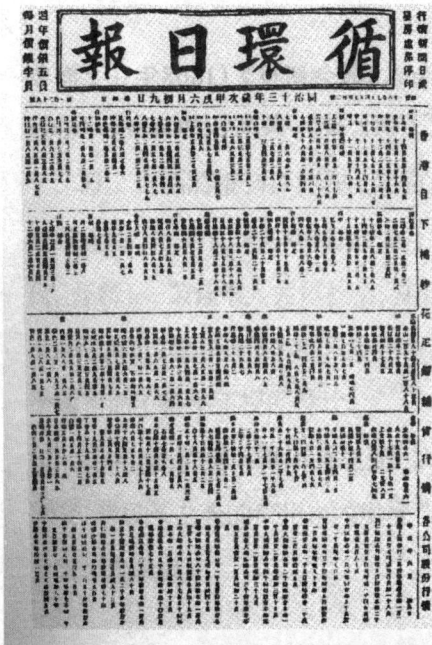

王韬在香港创办的《循环日报》

近代国人最早创办的报纸为伍廷芳于1858年办的《香港中外新报》，但因其刊行于香港，对内地影响不大。随着洋务运动的兴起，以及西学东渐的不断扩展，报纸作为近代社会传播信息的主要工具，也吸引着国人积极投身其中，创刊自办。

1872年，广州出现了《羊城采新实录》，有人认为这是由中国人在内地自办的第一份近代报纸，但创办不

历史掌故

邸报

　　西方人普遍认为世界上最早的报纸是罗马帝国的恺撒大帝在公元前 59 年创建的《每日纪闻》，其实中国早在西汉初年（公元前 2 世纪）就出现了类似的报纸——邸报，比罗马帝国大约早 1 个世纪。邸报并不是一份报纸，而是中国古代报纸的统称，其主要功能是把皇帝的命令及相关大事由皇宫传送到地方长官。现今，存世最早的邸报是唐僖宗光启三年（887 年）的敦煌唐归义军《进奏院状》，现藏于英国伦敦，已有千余年的历史。不过，中国现代意义上的报纸是绝对的舶来品。20 世纪初期，中国报业迅猛发展，当时仅北京就有报馆 100 多家，发行报纸 300 多种。各种进步文化得以通过大大小小的报纸逐渐深入人心，中国革命最初的星火也就此点燃。

久即停刊；1873 年，艾小梅在汉口创办《昭文新报》，报纸内容多为轶闻趣事，间有诗词小品，但不久也停办；1874 年，我国近代著名报刊政论家王韬在香港创办《循环日报》，是我国近代第一家鼓吹变法自强的报纸，销量很大，影响深远；同年，容闳在上海创办《汇报》，支持洋务，主张变法革新、实业救国等，但仅存在一年半便宣告停刊。

　　这些报纸虽然数量较少，且很多存在时间较短，还无法与当时较为成熟的外报相抗衡，但毕竟是中国人自主投身新闻事业的开始。后来的维新派、革命党人，都把创办报刊视为宣传其政治思想与救国主张的重要工具。

V 第五章
洋务运动与中国近代化

1. 中国近代化的开端

　　洋务运动始于 19 世纪 60 年代，止于 90 年代中叶，是清政府迫于内外交困的压力，由统治集团中一部分洋务派官僚以"自强"与"求富"为目的，开展的一次统治阶级自救运动。

　　中日甲午战争中，李鸿章苦心经营多年，作为清政府最为倚仗的军事力量和洋务运动成果重要象征的北洋海军全军覆没。这标志着洋务运动的失败。

　　洋务运动虽然没有使中国走向强国的道路，但它前后 30 年，在军事领域、民用企业、文化教育乃至政治机构调整等方面都取得了一定的成就，可以说是中国近代化的开端，对中国社会历史进程影响深远。

首先，洋务运动在一定程度上改变了原有的落后生产方式，促进了中国民族资产阶级的产生。洋务企业普遍雇用工人采用机器生产，而且其部分产品已流通于市场，从而改变了中国延续几千年的手工作坊式生产劳动，以及封闭的自然经济形态，使中国有了自己的近代化工业，生产出了自己的工业产品，并为近代民族资本主义企业的产生起到了示范和刺激作用。

在洋务运动向"求富"转变的过程中，由于财政困难，清政府不得不借助商人的力量，通过"官督商办"或"官商合办"等方式举办民用企业。部分地主、官僚、买办和商人开始积极投资，试水经营，而且一定程度上得到了清政府的大力扶持，如轮船招商局在1872—1875年就曾向清政府借款1928万两。另一部分手工工场主也受利益驱使，采用机器生产，扩大经营。

这两部分人，形成了中国最早的民族资产阶级。另外，在洋务派创办的军事工业、民用企业和商办企业中，产生了大量的产业工人，从而扩大了无产阶级的队伍。据不完全统计，至1894年，中国近代产业工人已有10万人左右。

其次，洋务运动在抵制列强侵略，延缓中国半殖民地化进程方面起到了积极作用。洋务派兴办近代军事工业、创建新式军队，使西方先进火器逐渐取代冷兵器，洋操逐渐取代旧式的骑射训练，湘军、淮军由此成为装备先进、训练有素的精英军队，北洋海军也一跃成为清政府最为倚仗的海上屏障，从而促进了中国军队的近代化建设，提高了国防力量。

此外，洋务运动从19世纪70年代开始由"自强"转向"求富"，其中一个很明显的动因就是与洋人争利。第二次鸦片战争后，随着通商口岸的陆续开放，大批洋货充斥市场，长江中下游的航运几乎全为洋轮所垄断，矿产开发、铁路运输、电报通信等利权也纷纷引起列强的争夺。西方列强经济侵略日甚一日的压力使洋务派认识到保护利权、与洋商争利的重要性，开始兴办民用工业，而这也确实收到了积极效果。

"与洋人争利"最为成功的企业是轮船招商局，创办20年间，盈利600万两。由于轮船招商局的积极竞争，导致洋商的客货源减少，且被迫降价运输。仅在该局创办后3年，外洋轮船垄断长江中下游航运的局面即被打破，3年内中国减少外流白银1 300余万两。

无论是洋务运动的军事近代化建设，还是民用企业的兴办发展，都在一定程度上抵制了资本主义国家的军事与经济侵略，客观上起到了延缓中国半殖民地化进程的作用。

最后，洋务运动改变了传统价值观念，推动了中国社会思想的进步。随着洋务运动的深入发展，传统"重农抑商"观念越来越受到强烈的冲击。

在自然经济日益瓦解、资本主义企业不断涌现的情况下，商人的地位明显提高，一些科举出身的士大夫和官僚也开始对经商颇感兴趣，像清末状元张謇甚至弃官从商，积极投身"实业救国"。此时，人们不再视洋人为"夷狄"，不再视声光化电的各种洋玩意儿为"奇技淫巧"了。人们愿意主动探寻与认知西学，甚至在衣、食、住、行等社会生活方面也开始日益西化。

另外，19世纪70—90年代，中国出现了从洋务派中分离出来的早期维新派，如王韬、薛福成、马建忠、郑观应等人。他们已经初步认识到中国的落后，是封建

历史掌故

三元及第

三元及第指的是在科举时代，科考者乡试、会试、殿试全是第一名。乡试的第一名称为解元，会试的第一名称为会元，殿试的第一名称为状元。中国的科举制起自隋朝，止于清朝光绪三十一年（1905年），前后1300年间，三元及第者只有16人，此外还产生了4位"武三元"，即连中武科三元者。科举制度一度是社会进步的表现。因为隋朝以前采用九品中正制，导致出身寒门的普通人无法步入仕途，科举制则给了万千寒门子弟通过读书走进官场、改变命运的机会。但它的弊病也极为明显，科考历来是腐败与不公的重灾区。明清时期，科举考试还逐渐僵化，被称为八股取士，严重束缚人们的思想，沦为维护封建专制的工具。清朝尤甚，入关初期清政府实行民族歧视政策，满族人享有种种特权，做官不必经过科举途径。中后期虽稍有改进，但仍不能适应时代需要，最终被历史所淘汰。

君主专制造成的结果，而西方资本主义国家之所以富强，实为君主立宪之故；认为"师夷长技"不仅指学习西方的科学技术，还应包括学习其良好的政治制度，进而提出设立议院、改革政治的要求。

早期维新派反映了新型民族资产阶级的愿望和要求，虽然还没有在政治上予以实践，但一定程度上推动了中国社会思想的进步，成为后来维新变法的思想先导。

2. 中国近代化的延误

1886 年，北洋海军造访日本炫耀国威。日本朝野对这些庞然大物非常叹服，遂卧薪尝胆，扩军造舰。结果 8 年之后，北洋海军在中日甲午战争中几乎全军覆没。事实残酷地证明，洋务运动并没有带来国家的自强。经过轰轰烈烈、自强不息的 30 年，洋务运动虽然开启了中国近代化的大门，但整个社会环境及洋务企业本身的落后还是导致了近代化的延误。

首先，中国传统政治制度和教育体制成为近代化的阻力。中国传统政治制度主要表现为官僚政治的中央集权与君主专制。君权在 2 000 多年漫长的封建社会中不断膨胀，至清雍正帝设立军机处时达到顶峰——皇帝统摄群臣，独断一切。虽然经过太平天国的打击，清王朝的专制机器有所削弱，地方汉人军事大员的力量开始崛起，但他们在兴办洋务的过程中，但凡涉及全局或是一些重大事项时，都不敢擅自专政，唯有向上请命。

而洋务时期，作为清朝实际统治者的慈禧太后一方面依赖洋务派的改革，以维护其统治，另一方面又为了防止其势力过大、难以驾驭，有意扶植顽固派对洋务派处处刁难。如留学、铁路、电报等洋务事宜，都是在经过数次请奏、拖延很久才艰难实施的，而且过程曲折，进程极为缓慢。

此外，作为中国主要选官途径的科举制，使读书人不得不长期沉浸在儒学的浩瀚知识当中，及第入仕成为他们的唯一人生目标。这个社会精英群体，无论是在朝的官僚，还是在野的士绅，都对西学茫茫无知，没有任何近代科学技术和知识。虽然洋务派也曾通过兴办新式

被日军占领的北洋水师提督衙门

学堂、派遣留学生等途径培养新式人才，但这改变不了以科举为主导的传统教育体制，新式知识分子与传统士人相比，只占冰山一角。所以，从中央到地方的洋务企业都面临着人才缺乏的难题，特别是在一些风气尚未开化的地区，寻找洋务人才更是难上加难。

其次，传统经济结构制约了近代化的发展。中国传统经济结构是以小农经济为核心的自给自足经济系统，其特点是农业与家庭手工业紧密结合，规模小，封闭性强。这种自然经济当时在全国仍占绝对的主导地位，对近代工业产品的抵制力度很大。

另外，随着商品经济的发展，部分地主也开始兼营商业，但他们中的大多数人往往融地主、商人、高利贷者为一体。传统观念使得地主阶级仍然保守地认为，只有土地才是获得稳定收入的唯一来源，他们宁愿把多余的钱用来购买土地、放高利贷，也不愿投资有风险的近

历史掌故

日本与中国近代化

中国近代化的延误既有内因也有外因，内因就是不彻底的洋务运动，外因则主要是近代迅速崛起且一心侵略中国的日本。当然，一心侵略中国的并不仅限于日本，但日本为害中国最大、最深。学术界普遍认为，中国的近代化进程曾两度被日本破坏。第一次就是甲午战争，第二次则是全面侵华战争。每一次，日本都是处心积虑，谋划长久，在中国近代化进程发展至关键时刻、趋势大好之际，迫不及待地发动侵华战争。但是，日本充其量只能破坏而不能中断中国近代化进程，更多情况下中国近代化的延误主要还是中国晚清政府和国民党政府自己犯下了错误。然而，以甲午战败为标志的洋务运动的失败，以及日本全面侵华，只会激起更多的爱国志士更加奋发图强，为中国更好地全面发展近代化创造必要环境。

代工商业。洋务派所创办的民用企业，只能靠政府和极少数的商人投资来经营，又谈何容易。

再次，洋务企业的封建性使得近代化缺乏应有的活力。无论是官办、官督商办，还是官商合办的洋务企业，都带有相当严重的封建性，到处充斥着衙门气息。

洋务企业一般都是管理机构庞大，冗员众多，无端增加各项开支，给企业带来沉重负担。例如左宗棠创办的福州船政局共有1 000多人，其中仅官方委派的各种管理人员就有100多人，以致在该局每月定额经费的5万两白银中，仅"薪水工食"一项开支即达3.9万两，约占总经费的80%。

洋务企业中普遍还存在着贪污浪费的现象。由于企业缺乏严格的财物管理，资、产、销各级管理人员往往可以随意取用和肆意侵吞公家物料。特别是在采购环节，一些大员借出国之机享受游玩，并虚报价格，中饱私囊。如北洋海军筹备期间，驻德公使李凤苞奉李鸿章之命向外国购买军事设备时，就曾受到虚开价格、贪污数目足以支付10多个营1年薪饷的指责。

有些洋务企业并不按经济规律办事，割裂了企业与市场之间的有机联系，从而导致企业生产成本高、产品质量差、商品化率低。如江南制造总局对造船所用的原材料不是就地取材，而是几乎全部依赖进口，从而致使该局轮船造价远远高于购买外洋轮船的价格。

洋务企业往往还唯长官意志办事，缺乏科学决策与合理规划。这其中最典型的莫过于张之洞创办的汉阳铁厂，由于他的武断专行，致使所购机器无法炼出合格的钢铁。盛宣怀接办后经过出洋考察，才发现其中原委，不得不又从日本贷款改装设备，白白浪费了10年时间和巨额款项。